Gisela Preuschoff

Kleine und große Ängste bei Kindern

Gisela Preuschoff

Kleine und große Ängste bei Kindern

Wie Eltern helfen können

*Mit Illustrationen
von Karl-Heinz Brecheis*

Kösel

3. Auflage 1998
© 1995 by Kösel-Verlag GmbH & C., München
Printed in Germany. Alle Rechte vorbehalten
Druck und Bindung: Kösel, Kempten
Umschlag: Elisabeth Petersen, München
Umschlagmotiv: FPG/Bavaria Filmagentur, Arthur Tilley
ISBN 3-466-30393-1

3 4 5 6 · 01 00 99 98

Gedruckt auf umweltfreundlich hergestelltem Werkdruckpapier
(säurefrei und chlorfrei gebleicht)

Inhalt

Vorwort

Ängstliche Kinder sind nicht beliebt. Angst haben gilt als feige. Auch Eltern mögen ängstliche Kinder nicht so gern, vielleicht schämen sie sich sogar oder fühlen sich schuldig. Haben sie irgend etwas falsch gemacht?

Ängstliche Kinder brauchen viel Zeit und Geduld. Beides aber haben Erwachsene im allgemeinen nicht. Alles soll schnellgehen und reibungslos funktionieren. So lernen Kinder oft, ihre Ängste zu unterdrücken, um ihren Eltern einen Gefallen zu tun und sie nicht zu beunruhigen.

Kinder müssen ihre Ängste aber loswerden, wenn sie nicht krank oder gewalttätig werden sollen. Nur wenn sie Gelegenheit haben, über ihre Angst zu sprechen, können sie diese auch überwinden. Wie aber fängt man ein solches Gespräch an? Und was kann man sonst noch tun, um Kindern zu helfen?

Dieses Buch möchte Eltern, aber auch Erzieherinnen und Lehrern helfen, die

Ängste ihrer Kinder – wie auch ihre eigenen – zu akzeptieren. So wie man Gespenster nur los wird, wenn man Licht macht oder mit ihnen spricht und sie genau ansieht, so will auch dieses Buch helfen, die kindlichen Ängste zunächst anzuschauen, um dann Schritt für Schritt Vorschläge und Anregungen zu geben, wie Eltern und Kinder durch die Angst hindurchgehen und über sie hinauswachsen können. Denn wer seine Angst überwindet, der fühlt sich wohl und kann neuen Herausforderungen gegenübertreten. Das wünsche ich allen Kindern und Erwachsenen.

Angst – was ist das überhaupt?

Angst ist zunächst einmal ein Gefühl wie Wut oder Ärger, Freude oder Trauer. Alle Menschen haben diese Gefühle, und niemand muß sich ihrer schämen. Sie gehören zum Leben und zur Grundausstattung des Menschen, denn zum menschlichen Leben gehören immer auch Verlust und Bedrohung, Trennung und Veränderung.

Angst ist sinnvoll, denn sie hilft uns, auf Situationen angemessen zu reagieren, weil wir uns vorbereiten können, um in Bedrohungssituationen schnell zu handeln. So mahnt uns das Gefühl der Angst, gut aufzupassen, an vergangene Erfahrungen anzuknüpfen und auf der Hut zu sein. Angst mobilisiert also auch Kräfte, die uns zur Abwehr oder Flucht ermuntern. Sie ist als Schutzreaktion lebenserhaltend und trägt zur menschlichen Entwicklung und zum persönlichen Wachstum bei. Denn immer, wenn wir unsere Angst vor Neuem oder Unbekanntem überwinden, kommen wir ein ganzes Stück weiter.

Natürlich hat Angst auch eine einschränkende, behindernde Seite. Bevor wir sie aber loswerden wollen, ist es ganz wichtig, sie zu würdigen: Wenn wir niemals Angst hätten, würde unserem Leben etwas Entscheidendes fehlen, so wie wenn das Salz in der Suppe fehlt.

Dies ist ein Buch über die Ängste von Kindern. Sie werden jedoch schon bemerkt haben, daß Kinderängste und Erwachsenenängste miteinander zu tun haben. Sei es, daß wir in den Ängsten unserer Kinder unsere eigenen wiederentdecken oder in uns das Kind finden, das wir einmal waren. Möglich ist auch, daß wir beginnen, uns verantwortlich zu fühlen für das, was unseren Kindern zurecht angst macht: eine Zukunft ohne Natur und Liebe.

So ist in diesem Buch also immer auch von uns selbst die Rede, und jeder, der mit Kindern zu tun hat, weiß, wie sehr Kinder uns helfen, über die Fragen des Lebens gründlich nachzudenken.

Erst wenn wir unsere eigene Angst bejahen und verstehen lernen, können wir auch unseren Kindern helfen, Ängste zu überwinden und daran zu wachsen.

In der Psychologie werden verschiedene Bezeichnungen, die alle dem Begriff Angst zugeordnet sind, unterschieden:

Furcht wird die Reaktion auf eine eindeutige Bedrohung genannt. Furcht zeigen wir beispielsweise, wenn ein großer Hund knurrend und zähnefletschend vor uns steht.

Phobie ist eine übersteigerte Angst vor etwas, das normalerweise nicht erschreckt. So haben manche Furcht vor kleinen, ungefährlichen Tieren wie Mäusen, Spinnen oder Vögeln, andere vor Fahrstühlen oder Menschenmassen etc.

Panik, genauer gesagt Panikattacken zeigen sich in abgegrenzten Perioden mit Ängstlichkeit oder Furcht, verbunden mit körperlichen Symptomen wie Schmerzen in der Brust, Erstickungs- oder Beklemmungsgefühlen, Schwitzen, Kribbeln in Händen oder Füßen, Hitze- oder Kältewellen usw.

Der Gefühlszustand Angst ist immer mit Körperreaktionen verbunden (wie

übrigens alle anderen Gefühlszustände auch), die durch das vegetative Nervensystem ausgelöst werden. So können die Hände feucht werden, Atem- und Herzfrequenz sich erhöhen, die Hautdurchblutung sich verändern (Röte oder Blässe). Der von Angst Befallene zittert oder fühlt ein Stechen oder einen Druck in der Brust oder im Magen, die Muskeln spannen sich an, er fühlt sich wie gefesselt und bekommt keine Luft, hat wacklige Beine, zitternde Knie, Schwindelgefühle oder zu Berge stehende Haare. Auch Kopfschmerzen, Durchfall und Tränen können die Angst begleiten.

Ängste sind mit äußerer und innerer Unruhe (Hypermotorik) verbunden, haben Konzentrations- und Schlafstörungen zur Folge und können auch mit Lähmungserscheinungen einhergehen. Sie können durch äußere Reize wie Gewitter, konkrete Bedrohung durch Tiere oder Menschen, aber auch durch innere Reize wie Gedanken oder Bilder ausgelöst werden. Im Laufe eines Lebens können sich Ängste immer wieder ändern, manchmal werden sie jedoch auch von Kindesbeinen an mitgeschleppt. Genauso, wie man Ängste »bekommt«, kann man sie auch wieder loswerden, wenn man bereit ist, etwas dagegen zu tun. Ängste haben einen Anfang und ein Ende, und wenn wir lernen, unsere Angst zu beobachten, können wir nicht nur viel über uns selbst erfahren, sondern auch feststellen, daß wir mehr sind als unsere Gefühle. Jeder von uns kann die Instanz des »Höheren Selbst« oder »inneren Beobachters« in sich feststellen und erfahren, daß wir zwar Ängste und Probleme haben, daß wir aber mehr sind als unsere Ängste und Probleme.

Was ist eigentlich das Gegenteil von Angst?

Wenn man sich mit Angst beschäftigt, ist es sinnvoll, sich einmal zu fragen, was eigentlich das Gegenteil von Angst ist.

Als erstes fällt mir *Vertrauen* ein. Kinder vertrauen ihren Eltern – es bleibt ihnen auch gar nichts anderes übrig, denn sie können allein nicht überleben. Kinder haben spontan Vertrauen, und es wäre gut, wenn sie nicht durch Lügen oder Flucht vor Verantwortung enttäuscht werden müßten. »Woher sollen wir aber die Kraft nehmen?« werden jetzt vielleicht manche fragen. »Das Leben mit Kindern ist heute so schwierig und auch sehr anstrengend.« *Gelassenheit*, ein weiteres Gegenstück der Angst, hilft

uns, Vertrauen in unsere Kraft und das Leben zu entwickeln, jene Kraft, die das Leben in uns entstehen ließ und bis heute erhält. Wenn wir uns durch Entspannung in Gelassenheit üben, können wir diese Kraft spüren und uns an eine Art universelle Energie anschließen. Alle Menschen, die längere Zeit und regelmäßig meditieren, können diese Erfahrung machen.

Wenn einer gelernt hat, Vertrauen zu entwickeln, kann er auch sich selbst vertrauen. Wenn Kinder etwas tun, was sie mit Freude erfüllt, wenn sie bemerken, wie sie handelnd eingreifen und verändern können, entwickelt sich Vertrauen in die eigenen Fähigkeiten und Kräfte, es entsteht *Selbstvertrauen*.

Das Gegenteil von Angst ist die Erfahrung von *Stärke* und der Stolz auf den eigenen Körper, mit allen seinen Fähigkeiten und Funktionen. Wer sich so erleben darf, ohne entmutigt zu werden, fühlt sich wohl in seiner Haut, in seinem Körper und mit seiner Umwelt, die ja durch Handeln veränderbar ist. Angst bedeutet Enge (angustiae), und das Gegenteil von Angst ist *Weite*.

Hierzu gehört das wohlige Dehnen des Körpers genauso wie das Über-den-Tellerrand-Gucken, das neugierige Erforschen der Weite wie auch das Entdecken des ganzen Lebens. Denn wer Angst überwinden will, muß den Mut haben, die Welt so zu sehen, wie sie ist: voller Abschied, Krankheit, Leid und Tod. Die Weite zeigt aber darüber hinaus auch die dahinterstehende Energie, die man mit einem Blick ins Universum erahnen kann und die höher und weiter ist als alle menschlichen Probleme.

Angst ist überall

Die *erste Angst*, die Kinder im Alter zwischen null und drei Jahren erleben, ist die der Trennung und des möglichen Verlustes der Eltern. Durch die Geburt wird ein Baby – manchmal auf dramatische Weise – von seiner Mutter getrennt und muß in der nun folgenden Zeit immer wieder erfahren, daß es vom Alleinsein bedroht ist. Hat es sich allmählich an diese Bedrohung gewöhnt und oft genug erfahren, daß die Eltern ja immer wieder kommen und es versorgen, tauchen durch sein eigenes magisches Denken schon neue Gefahren auf: Die ersten Rollenspiele der Zweijährigen machen Bauklötze zu Löwen, und dann kann es vorkommen, daß Löwen eben auch in Schränken sitzen oder Krokodile unter dem Bett liegen. Das Kind erlebt den Löwen als real – zum Glück aber auch seine Eltern als so mächtig und stark, daß sie ihn aus dem Schrank holen und bändigen können. In diesem Alter können Mama und Papa die Welt noch in Ordnung bringen und alle Probleme lösen, wenn sie das wollen.

Mit zunehmendem Alter wächst das Kind jedoch in die Sorgen und Ängste der Eltern hinein, und ein Schulkind, das nach Aids oder Atomkraft fragt, die Arbeitslosigkeit oder Scheidungsprobleme bemerkt, kann man nicht mit »Es ist alles in Ordnung« trösten.

Dennoch sind es vor allem die Eltern, die mit ihrem Beispiel Kindern Mut machen können, Ängste zu überwinden.

Kinder, Medien und Ängste

Ein Morgen im November. Es ist noch dunkel. An der Bushaltestelle warten Schulkinder zwischen sechs und zwölf Jahren. Manche stehen still, die Hände in die Ärmel gezogen, andere plaudern und lachen. Eine Gruppe Jungen spielt Fangen. Der Schulbus fährt vor und öffnet den Einsteigenden die Türen. Laut ist das Radio des Fahrers zu hören: Frühnachrichten. Alle Kinder hören von Toten, Verletzten und Katastrophen.

Ein Sommertag im halbvollen Wartezimmer eines Zahnarztes. Meine Tochter spielt mit Bausteinen am Boden. Später greift sie zu einer Illustrierten, die zufällig obenauf liegt. Blutüberströmte Leichen in Großformat.

Denis Vater kommt spät nach Hause. Die Familie wartet mit dem Essen. Der Fernseher ist eingeschaltet. Auf dem Bildschirm sieht man Hungernde im Dürregebiet. Danach werden Männer mit erhobenen Armen von einem Mann mit Gewehr abgeführt.

Kinderalltag in Deutschland (und anderswo), das heißt Alltag ohne jene Schutzschicht, die Eltern und Gesellschaft den Heranwachsenden früherer Generationen wie selbstverständlich bereitstellten.

Vor gut zehn Jahren hat Neil Postman in einem vielgelesenen Buch das *Das Verschwinden der Kindheit* vorausgesagt. Seine für die USA geltenden Thesen, daß Kinder durch die Medien zu kleinen Erwachsenen werden, hat der Bielefelder Professor Klaus Hurrelmann inzwischen für deutsche Verhältnisse bestätigt: »Einen Schonraum für ihre Entwicklung kennen die Kinder der neunziger Jahre nicht. Ohne Filter sind sie den sozialen, politischen, wirtschaftlichen und auch ökologischen Umwälzungen ausgesetzt, müssen sie genauso aufnehmen und verarbeiten wie die Erwachsenen.«[1]

Untermauern läßt sich die These vom Verschwinden der Kindheit mit Forschungsergebnissen aus dem Gesundheitswesen. Die Untersuchungen zeigen, daß schon bei Kindern und Jugendlichen Beeinträchtigungen der Gesundheit zu verzeichnen sind, die zuvor nur von Erwachsenen bekannt waren, ja, Kinder sind die einzige Bevölkerungsgruppe, deren Gesundheitszustand sich in den letzten zwanzig Jahren verschlechtert hat. Während früher die klassischen Kinderkrankheiten wie Masern und Mumps umgingen, so kommt es heute bei vielen Kindern zu Erschöpfungszuständen, Nervosität, Unruhe, Erkrankung der Atemwege und des Verdauungstraktes, Magenverstimmungen und Schlafstörungen. »Es sind unspezifische Erkrankungen, die ganz offensichtlich etwas mit der Überforderung des gesamten Immunsystems zu tun haben, mit veränderten Abwehrkräften und auch einer fehlerhaften Ernährung, einem strapazierten Tagesrhythmus und einem völlig unzureichenden Gesundheitsverhalten. Viele dieser Beschwerden können als psychosomatisch bezeichnet werden. Sie sind von Kopfschmerzen, Konzentrationsschwierigkeiten und Unausgeruhtheit begleitet. Oft sind sie mit Müdigkeit, Gereiztheit, Überforderung, Angst und Einsamkeit verbunden.«[2]

Kinder reagieren hier auf eine von Erwachsenen bestimmte Umgebung, die ihnen Angst und Schrecken einflößt und als Folge davon auch das Immunsystem angreift. Betrachten wir einmal genauer, was hier vorgeht: Medien, vor allem Radio und Fernsehen, die auch für Kinder, die noch nicht lesen können, allgegenwärtig sind, verbreiten Nachrichten. Aus den unzähligen Vorgängen und Ereignissen, die sich täglich auf unserem Planeten abspielen, werden diejenigen herausgegriffen, von denen angenommen wird, sie interessieren. Es sind in der Regel Kriegs- und Katastrophenberichte, Nachrichten von Unfällen und heimtückischen Krankheiten, die sich in ganz verschiedenen Erdteilen abgespielt haben. Als Erwachsene wissen wir, wie viele Kilometer in etwa zwischen uns und dem Schreckensgebiet liegen, wir wissen, welche Ereignisse üblicherweise Kriegen vorausgehen, welche statistische Häufigkeit Flugzeugabstürze haben und in welchen Gebieten Naturkatastrophen, die ja meist von Menschen mitverursacht sind, eintreten können. Kinder wissen dies alles nicht.

Selbst wenn wir es ihnen erklären würden, könnten sie dies gar nicht begreifen. Was ein Kilometer ist, ein Erdteil oder was mit »Wahrscheinlichkeit« bezeichnet wird, verstehen sie frühestens im Schulalter. Informationen, wie sie zum Beispiel in den Nachrichten gegeben werden, müssen Kinder verwirren und auf Dauer verängstigen, weil ihnen Maßstab und Relation fehlen und weil sie nicht wissen, daß es zu jeder Nachricht eine Million Gegennachrichten geben könnte. Das Fernsehen zeigt ja nur den abgestürzten Jumbo, nicht aber die tausend sicher und gut gelandeten. Medien geben außerdem Nachrichten möglichst »neutral« wieder, das heißt frei von Gefühlen und Stellungnahmen. Für Erwachsene, die zwischen Nachricht und Kommentar unterscheiden können und auch gewohnt sind, zu differenzieren, mag das in Ordnung sein. Kinder muß es jedoch erschrecken, daß niemand etwas dazu sagt, daß keiner weint oder Worte des Bedauerns spricht. Weil Eltern in der Regel auch stumm vor dem Bildschirm sitzen und nicht gestört werden wollen und Nachrichten schweigend beim Frühstück oder beim Rasieren gehört werden, haben sie keinen Ansprechpartner bzw. empfinden es bald als »normal«, derartige Informationen schweigend wirken zu lassen. Schweigen ist jedoch immer verhängnisvolle Nahrung für Angst. Es läßt die kindliche Phantasie lebendig werden, und das Kind versucht nun, sich seinen eigenen »Film« von den Ereignissen zu machen. In vielen Fällen wird das Kind kreativ mit den Informationen umgehen und auch im Spiel verarbeiten, was es da aus seiner Sicht sah. Wenn die Flut der Nachrichten jedoch zu groß wird, stellt sich irgendwann Überforderung ein. Zu viele Ereignisse müssen eingeordnet, überprüft und verarbeitet werden. Es entsteht Unruhe und diffuse Angst, die der Musikjournalist Joachim Behrendt nicht nur auf gesehene Gewaltszenen zurückführt, sondern auf visuelle Überreizung überhaupt. Bevölkerungsgruppen, die nicht fernsehen, könnten sich nicht nur viel besser konzentrieren, sondern behielten auch Gesagtes wesentlich besser.

Jeder kann in einer Kindergruppe beobachten, wie sich die Stimmung schnell beruhigt, wenn man allen die Augen für ein Spiel verbindet und statt dessen Ohren und Tastsinn beansprucht.

Wenn Ihr Kind täglich mehr als eine Stunde fernsieht (meiner Meinung nach sollten Kinder unter drei Jahren nie und zwischen drei und sechs Jahren höchstens 30 Minuten pro Tag vor dem Fernseher sitzen), häufig ohne erkennbaren Grund weint und Spiele spielt, in denen Nachrichten verarbeitet werden, und wenn es sich vor Dingen ängstigt, die ihm bisher keine Probleme gemacht haben (wie zum Beispiel Zug fahren), dann sollten Sie überprüfen, was Sie in Ihrem gemeinsamen Alltag verändern können. Meine Vorschläge sind:

1. Für sich selbst und alle mit der Erziehung des Kindes befaßten Personen (Tagesmutter, Vater, Opa, Oma usw.) klarstellen, daß Nachrichten keine Kindersendungen sind und nicht unkontrolliert eingestellt werden sollen. Die Wohnung sollte ein Ort sein, an dem gerade Kinder Ruhe und Kraft finden können. Für mich heißt das nicht, sie in einer heilen Welt zu isolieren, sondern sie in einer für Kinder verständlichen Art an Gutem und Bösem, Lustigem und Traurigem teilnehmen zu lassen, wie gute Kinderliteratur das immer getan hat und noch heute tut.

2. Wenn sich herausstellt, daß Ihr Kind dennoch Informationen aufgenommen hat, die es nicht versteht und die ihm angst machen, mit ihm darüber reden und herausfinden, was es ängstigt und wie seine kindliche Interpretation lautet. Im Spiel oder in einer Geschichte kann man dann dieses Ereignis aufgreifen und relativieren, erklären oder richtigstellen oder dem »Bösen« gute Kräfte entgegenstellen.

3. Prinzipiell halte ich es für sehr wichtig, mit Kindern darüber zu reden, wie Sie, als Erwachsene, sich die Welt wünschen und was Sie dafür zu tun bereit sind. Kinder erhalten Sicherheit und Orientierung, wenn sie erfahren, welche Meinung ihre Eltern haben, welche Verantwortung sie übernehmen und daß die Welt veränderbar ist.

Die Ängste der Erwachsenen

Wer sich mit der Angst von Kindern beschäftigt, wird bald auch auf die Angst der Erwachsenen stoßen. Wir haben keine Angst, wenn wir uns sicher und geborgen fühlen, wenn wir einschätzen können, was geschehen wird und wie wir uns verhalten werden. Nur: Die meisten Erwachsenen erleben die Welt nicht so.

Eine Vielfalt von Informationen verunsichert uns in unserem Verhalten: Nachrichten von unkontrollierbaren Ereignissen wie ausbrechende Krankheiten (Aids, Krebs) oder Unfälle (insbesondere mit Atomkraft), Kriege, die immer näher rücken, und Ungerechtigkeit zwischen reichen und armen Ländern verbreiten Angst und Schrekken. Immer mehr Spezialisten sind nötig, um das, was Menschen geschaffen haben, unter Kontrolle zu halten, und der einzelne erlebt sich als immer hilfloser und ohne Einfluß. Das Vertrauen, daß es mit dieser Welt irgendwie gut weitergeht, ist uns abhanden gekommen, denn wir müssen Spezialisten glauben, die uns sagen, daß der Wald tot ist, das Ozonloch immer größer wird, Menschen unkontrollierbar und Krankheiten unheilbar sind. Außerdem ist es sowieso »fünf vor zwölf« oder bereits »zu spät«.

Jeder von uns hat seine eigene Art und Weise, mit diesen Informationen umzugehen:

- Entweder wir tun so, als gäbe es diese Informationen gar nicht, oder wir haben Angst, die wir aber, da wir sie nicht mögen, versuchen, sofort loszuwerden;
- wir machen die Angst zu einem Freund, der uns hilft und auffordert, in unserem Leben etwas zu verändern;
- wir vertrauen in gute, höhere Mächte und Instanzen, die auch in uns selbst liegen, oder wir glauben an einen Gott, der uns unsere Angst abnimmt und hilft, im Leben die richtigen Entscheidungen zu treffen und uns so zu verhalten, daß wir es nicht bereuen müssen.

Kein Erwachsener wird sich nur auf die eine oder andere Art verhalten. Wir werden mal verdrängen, mal vertrauen, mal verzweifeln und dann wieder Mut schöpfen. Was wir tun und empfinden, hängt nicht nur von unserer Tagesverfassung ab, sondern auch von unseren in der Kindheit geprägten Glaubenssätzen.

Manchen Kindern wird der Satz »Diese Welt ist ein gefährlicher Ort« mitgegeben. Sie werden darin geübt, ständig aufzupassen und auf der Hut zu sein, sich und andere zu kontrollieren, Bestimmtes zu vermeiden und anderes auszuführen. Diese Menschen können sich zwar zeitweise sicher fühlen, zum Beispiel wenn sie sich hundertprozentig an eine überzeugende Diät halten – doch wahrscheinlich verlieren sie dabei auch Lebensfreude, denn es ist sehr anstrengend, immer die Kontrolle zu bewahren.

Andere wachsen mit dem Spruch »Diese Welt ist ein freundlicher, schöner Ort« auf. Früher oder später werden sie mit Ereignissen konfrontiert, die das Gegenteil beweisen, und fühlen sich dann möglicherweise unsicher und hilflos.

So glaubten viele Menschen lange Zeit, daß Händewaschen und Antibiotika vor Ansteckung schützen können, mußten dann aber erfahren, daß es Aids gibt.

Auch der Krieg schien aus Europa verbannt – nun spielt er sich in einem beliebten Urlaubsland ab.

Die gesündeste Ernährung kann verstrahlt sein, was man ihr äußerlich nicht ansieht ...

Jeder von uns verdrängt und vertraut täglich mehr oder weniger, und wir müssen erfahren, daß es die absolute Sicherheit nicht gibt. Wir kommen

Alle Großen haben Angst

Text: Volker Ludwig
Musik: Birger Heymann

besinnlich

War - um ha - ben die Gro - ßen vor an - dern Gro - ßen

Angst? Mut - ti hat Angst vor der Nach - ba - rin, der

Leh - rer hat Angst vor dem Schul - di - rek - tor, Va - ti hat Angst vorm

Chef. Al - le Gro - ßen ha - ben vor

an - dern Gro - ßen Angst. Die Nach - ba - rin hat Angst vor dem

Haus - be - sit - zer, der Rek - tor hat Angst vor dem O - ber - schul - rat, die

Frau vor ih - rem Mann. Al - le Gro - ßen

ha - ben Angst. Ach die ar - men Gro - ßen!

daher alle an den Punkt, wo wir gleichgültig werden und resignieren oder glauben und hoffen.

Wer heute Kinder hat, wird sich irgendwann fragen, ob es richtig und erlaubt ist, Kinder in so eine Welt zu setzen. Wenn Sie sich dennoch bewußt dafür entschieden haben, dann doch wohl, weil sie auf der Seite von Hoffnung und Glauben stehen und ganz sicher auch Liebe spüren. Nur wer an eine Zukunft glaubt und hofft, daß die Menschheit eine Chance hat oder daß der Sinn, der höher ist als alle Vernunft, den Lauf dieser Welt mitbestimmt, wird Kindern auch glaubhaft vermitteln können, daß Angst überwindbar ist und zum Leben gehört.

Kein Buch könnte Sie, liebe Leserin oder lieber Leser, zu diesem Glauben bekehren. Wenn Sie Ihrem Kind Sicherheit geben und Vorbild sein wollen, liegt es nahe, sich zu Ihrer eigenen Angst, aber auch zu Ihrem Glauben und Ihrer Hoffnung zu bekennen.

Wer nicht glaubt, aber sucht, ist ebenfalls glaubwürdig. Suchen zeigt ja Vertrauen an und Hoffnung, daß es etwas zu finden gibt. Und Suchen ist etwas, das Kinder lieben und das ihre Neugier und ihre Erwartungen stärkt. Heißt es nicht: »Wer suchet, der findet. Klopfet an, so wird euch aufgetan«? Wenn Erwachsene sich gemeinsam mit ihren Kindern auf die Suche machen, werden beide etwas finden und dabei lernen. Die Kinder lernen von den Erwachsenen, daß es viel gibt, was sie noch nicht wissen, der Erwachsene aber schon kennt und erfahren hat. Das gibt dem Kind die Sicherheit, mit jemand zusammenzusein, der schon viel erlebt und auch Ängste überwunden hat. Der Vater erzählt zum Beispiel: »Weißt du, als ich klein war, hatte ich immer große Angst, Erwachsene anzusprechen, wenn ich etwas wollte. Selbst als ich schon groß war, tat ich das nicht gern und drückte mich immer davor. Als ich aber anfing, in Gruppen zu lernen, mußte ich einfach reden, und nach und nach habe ich dann gemerkt, daß es gar nicht schlimm ist, daß gar nichts dabei passiert und daß andere genausoviel oder noch viel mehr Angst hatten.«

Vom Kind kann der Erwachsene lernen, daß vieles von dem, was er als »normal« empfindet, zum Wundern und sprachlosen Staunen anregt: zum Beispiel eine Schnecke, die an der senkrechten Scheibe emporkriecht, oder Löwenzahn, der den Asphalt durchbricht. Die Welt wieder mit den Augen eines Kindes zu sehen, heißt entdecken, daß es mehr gibt, als unsere Vernunft und mehr als unsere Angst. Es gibt nicht nur das, was wir als Realität bezeichnen, sondern auch das Unsichtbare, das nur mit dem Herzen Sichtbare und jede Menge alltägliche Wunder.

Kinder, Gott und Angst

Über viele Jahrhunderte wurde Kindern mit Gott Angst gemacht. Auch unsere Eltern und Großeltern haben zum Teil noch den Glauben von einem Mann mit Bart verbreitet, der alles sieht und bestraft, was »sündig« ist. Kinder und Erwachsene lebten in Angst vor Gott, obwohl ihre Welt damals uns aus heutiger Perspektive heil erscheint. Immerhin gab der Glaube ja auch die Sicherheit, Heil zu erlangen, wenn man gehorsam war und Gebote und Tabus beachtete. Jeder wußte genau, was gut und was böse war – nur leider erlebte man auch alltäglich, daß es unmöglich ist, nur gut zu sein.

Kinder, die mit dem Bild vom bärtigen Gott und dem reinen Herzen Jesu aufwuchsen, hatten zwar Angst, waren aber auch geborgen in einem sicheren System, das aus Sühne, Strafe und Reue bestand.

Heute erfahren bereits Kinder, daß Menschen sich Gott höchst unterschiedlich vorstellen, daß es sehr viele verschiedene Religionen gibt, die sich tolerieren oder bekriegen, daß es diese oder jene Gebote gibt, die sich im Alltag sichtbar unterscheiden: In manchen Religionen spielt die Frage »Darf ich Fleisch essen, und wenn ja, auch Schweinefleisch?« eine zentrale Rolle. Auch die Art der Zubereitung ist wichtig und an welchen Tagen Fleisch gegessen werden darf. Weitere Fragen sind zum Beispiel: Sollten Frauen Schleier oder Kopftücher tragen, und wenn ja, warum? Gibt es Allah, Buddha, Jesus oder gar nichts? Wenn man seine Eltern lieben und ehren soll, warum kommen sie dann in Altersheime? Warum führen Christen Kriege? Warum quälen Menschen andere Menschen oder Tiere? Und warum beuten sie die Natur aus?

Diese Fragen – und noch viele mehr – drängen sich Kindern heute ganz von selbst auf, sie werden durch Beobachtung damit konfrontiert und schon in der ersten Klasse von Mitschülern danach befragt. Diese Fragen sind aber so schwierig, daß viele Erwachsene keine Antwort darauf wissen und sogar Lehrer in der Schule lieber weghören, wenn Erstkläßler sie diskutieren. Gott ist nicht mehr der, der Moses Tafeln gab, auf denen alles steht, was Menschen tun und was sie lassen sollen.

Das verunsichert und macht Kindern und Erwachsenen angst. Andererseits gibt die Vielfalt des Glaubens, die Vielfalt der Vorstellungen von Gott und seinen Geboten auch Mut. Vielfalt ist geradezu ein Kennzeichen unseres Planeten und aller Lebewesen. Die Erde ist in einem Entwicklungsprozeß entstanden, der vor Milliarden von Jahren mit einem »Urknall« entstand und bis heute nicht abgeschlossen ist.

Naturwissenschaftler von heute und Weise von gestern stimmen darin überein, daß die Grundelemente des Universums in uns fortbestehen, daß das Göttliche oder die grenzenlose Energie oben wie unten existent ist. Wenn Gott kein Mann mit Bart ist, sondern ein Teil von uns, ein Teil der Unendlichkeit, der in jedem Ding auf dieser Welt vorhanden ist, etwas, das wir grenzenlose Liebe nennen können, dann kann auch alle Angst aus unserem Leben weichen. Wir dürfen zwar Angst haben, wissen jedoch, daß wir mehr sind als unsere Angst. Wir sind dann Teil eines Schöpfungsprozesses, der bis heute nicht abgeschlossen ist und der in jedem von uns wirksam ist. Mein Glaubensbekenntnis könnte dann lauten:

»Ich habe Angst, aber ich glaube an meinen Mut und an Gott in mir. Ich weiß mir keinen Rat, aber es gibt immer und überall Hilfe. Die Welt ist voller Angst und Schrecken, aber auch voller Geborgenheit und Liebe. Ich kann vertrauen.«

Wovor Kinder Angst haben

Diffuse Ängste

Gerade kleine Kinder, die noch gar nicht oder nicht sehr gut sprechen können, haben manchmal Ängste, die die Eltern nicht verstehen, ja, die die Kinder vielleicht selber nicht verstehen, sondern einfach nur fühlen. Als meine Tochter ein gutes Jahr alt war, hatte sie große Angst vor einer geschnitzten, schwarzen Holzfigur, die auf dem Regal stand. Sie schrie, wenn sie die Figur erblickte, war aber sofort beruhigt, wenn ich sie wegpackte. Ich weiß bis heute nicht, was ihr an dieser Figur angst gemacht hat, sie konnte es mir auch später nicht erklären. Jedenfalls war diese Angst sehr konkret und leicht zu beheben, nach dem Motto: Aus den Augen, aus dem Sinn.

Oft ist das viel schwieriger, besonders bei Kindern unter drei Jahren. Gerade wenn wir nicht wissen, wovor und warum ein kleines Kind Angst hat, ist es wichtig, es unsere Nähe auch körperlich spüren zu lassen. Das gute Gefühl, in der Angst geborgen in den Armen des Vaters oder der Mutter zu liegen, wird dieses Kind sein Leben lang nicht wieder verlieren. Wenn Sprache nicht ausreicht oder nicht erklären kann, ist die Sprache des Körpers noch wichtiger als sonst. Mit unserem Körper können wir dem Kind alles geben, was es gegen seine Angst braucht: Wärme, Sicherheit und Halt. Die größte Angst des Kleinkindes ist die vor dem Verlassenwerden und Getrenntsein. Wenn wir manches Mal nicht verstehen, warum das Kind so schreit, kann es sein, daß es befürchtet, Mutter und Vater sind weg und werden nicht wiederkommen – eine wirkliche Katastrophe für ein kleines Kind.

Noch Jahrzehnte später können Erwachsene unter solchen frühkindlichen Ängsten leiden. Ich möchte Eltern daher ermuntern, das nächtliche Trösten und Nähespürenlassen nicht als »verwöhnen« abzutun, sondern als Investition in eine glückliche Zukunft zu begreifen. Und ist es nicht auch für Eltern ein wunderbares Gefühl, mit einfachsten Mitteln in der Lage zu sein, einem so kleinen Wesen die Sicherheit zu geben: »Alles ist gut«? Nie wieder wird es im Leben so einfach sein, Geborgenheit, Vertrauen und Halt zu vermitteln. Hieraus entsteht das Urvertrauen, das sich ausbreiten kann, wenn das Kind nach dem mehr oder weniger großen Schock der Geburt eine »soziale Symbiose«, das heißt eine sehr enge Beziehung zu seiner Mutter oder Bezugsperson erfährt. Sie hält es im Arm, schaukelt und stillt es und gibt ihm die Sicherheit, daß es einen guten Platz in dieser Welt hat und geliebt wird.

Der kleine Mensch ist in seiner Hilflosigkeit und Unreife extrem abhängig von seiner Mutter. Durch diese enge Beziehung überträgt sich aber auch Nervosität, Angst und Ablehnung – genauso wie Zuwendung, Geduld und Liebe. So kann sich Angst auch übertragen, denn der Säugling spürt den erhöhten Herzschlag und versteht die Körpersprache seiner Mutter oft besser als diese selbst.

Auch ein Baby, das abgelehnt wird, lebt in Angst. Es spürt, daß das Band zu den Eltern nicht hält, und versucht, sich ständig anzustrengen, um ihnen dennoch zu gefallen. Es hat Angst, verlassen zu werden, ist sich

aber nie sicher, was genau es tun kann, um die Eltern zu halten. Solche
Babys hoffen auch als Erwachsene, Partner oder Freunde durch Anpassung
oder extreme Unterwerfung halten zu können, ohne sich der Tragik bewußt
zu sein, daß Angst Liebe zerstört. Man kann einen Partner nicht lieben,
wenn man ständig für die Stabilität der Beziehung kämpfen muß.

Ängste, die den eigenen Körper betreffen

Ein kleines Kind kann die Vorgänge, die in und an seinem Körper geschehen, weder verstehen noch erklären.

Es fühlt sich gut, wenn seine körperlichen Bedürfnisse, darunter auch das Bedürfnis nach Nähe und Körperkontakt, befriedigt werden. Körperliche Veränderungen oder neue Entdeckungen können einem Kind aber auch angst machen.

So erinnere ich mich an ein kleines Mädchen, das gerne ohne Windel lief und lernen sollte, den Topf zu benutzen. Bei Pipi war das kein Problem. Als es aber entdeckte, daß da auch große Teile ihren Körper verließen, bekam es panische Angst. Vermutlich glaubte es, Körperteile würden sich trennen und lösen. Das Problem wurde gelöst, indem man ihr wieder eine Windel anzog, wenn »das große Geschäft« zu erwarten war. So war sie es gewohnt, und so war es gut. Mit zunehmendem Alter konnte man ihr dann die Vorgänge erklären, und die Angst – wie auch die Windel – verschwand allmählich.

Entwicklungsprozesse brauchen manchmal Zeit und verlangen von Eltern Geduld. Sie macht sich aber immer bezahlt, denn ein Kind, das sich der Liebe und Geduld seiner Eltern sicher ist, wird sich wohler fühlen und weniger Schwierigkeiten machen als ein unsicheres, ängstliches Kind.

Auch Blut kann kleinen Kindern angst machen. Zu dem Schmerz kommt das Gefühl, etwas zu verlieren, auszulaufen oder defekt zu sein. Deshalb helfen Pflaster auch so hervorragend! Auch wenn sie vom medizinischen Standpunkt aus eher überflüssig sind: Wenn das Blut nicht mehr zu sehen ist, ist auch die Angst weg.

Ganz konkret und verständlich ist auch die Angst vor einem *Arzt*, der einem schon einmal Schmerzen zugefügt hat. Wenn Sie bisher noch nicht das Glück haben, einen Kinderarzt zu kennen, der auch psychologisch gut auf Kinder eingeht, das heißt, ihnen durch sein Verständnis, seinen Humor und sein Einfühlungsvermögen Angst nimmt, lohnt es sich, nach einem zu suchen.

Als mein erster Sohn eineinhalb war, glaubte ich als damals sehr ängstliche Mutter, er habe eine Nadel verschluckt, denn eben hatte er sie noch im Mund – jetzt war sie weg. Ich war ziemlich verzweifelt und ließ ihn schließlich auf Anraten von Freunden im Kinderkrankenhaus röntgen, was eine Tortur für ihn war – denn er konnte ja nicht verstehen, warum dieses

Theater gemacht wurde. Eine Nadel wurde nicht gefunden – aber mein Sohn brüllte von da an, wenn er Menschen im weißen Kittel sah. Auch Besuche beim Kinderarzt wurden unerträglich, bis ich endlich auf Empfehlung einer Freundin einen Arzt fand, der keinen weißen Kittel trug und der mit viel therapeutischem Geschick, Geduld und Einfühlungsvermögen auf Kinder einging. Ihm gelang es, meinen Sohn in fünf Minuten zu beruhigen und zu entspannen und ihn in einem weiteren Gespräch behandlungsbereit zu machen. Ein Glücksfall! Gute Ärzte gibt es überall, und es kann sich lohnen, auch weite Strecken zu fahren, um jemanden zu finden, dem man vertrauen kann.

Kinder verlieren Vertrauen, wenn ihre Eltern sie anlügen – und sei es in guter Absicht. Wer seinem Kind sagt: »Der Doktor tut dir gar nicht weh!«, wenn es geimpft oder operiert werden soll, erweist ihm einen schlechten Dienst.

Wichtig ist aber auch die *Wahl der eigenen Worte*, mit denen man ängstigen oder beruhigen kann. Unter »Impfen« oder »Spritze« kann sich das Kind selten etwas vorstellen. Der Doktor kann aber einen »Pieks« machen (besonders, wenn es die lustige Geschichte von der Mücke Pieks von Heinrich Hannover kennt). Wenn es sich um eine Betäubung handelt, kann der Doktor den Zahn »zum Schlafen« bringen oder die Stelle »ganz kalt machen«. Beachten Sie bei Ihrer Wortwahl, Ausdrücke zu verwenden, die das Kind kennt, und vermeiden Sie negative Formulierungen (mit »nicht«), denn unser Gehirn registriert das Wörtchen »nicht« nicht. Wenn ich sage: »Denken Sie nicht an den Schmerz!«, denken Sie gewiß daran. Verlocke ich Sie aber, sich eine Blumenwiese mit Schäfchen vorzustellen, sehen Sie diese auch. Kinder haben eine großartige Vorstellungskraft und lassen sich in dieser Beziehung leicht anregen und beeinflussen. Mit angenehmen Bildern, die durch kleine Geschichten (am besten von Tieren in ähnlichen Situationen) ausgelöst werden, lassen sich kleine, aber auch große Ängste beheben. (Anregungen zum Geschichtenerzählen finden Sie auf S. 69ff.)

Eine ganz besondere Angst ist die Angst vor dem *Zahnarzt*, besonders dann, wenn Sie zu den vielen Erwachsenen gehören, die auch Angst davor haben. In diesem Fall rate ich Ihnen, mit Ihrem Kind schon früh, wenn seine Zähne noch schneeweiß sind, zu einem Zahnarzt Ihres Vertrauens zu gehen. Er staunt dann über die Zahl der schönen Zähnchen, erklärt das Zähneputzen und seine Geräte und verschenkt vielleicht sogar ein Gummitier. Zu dieser Person kehrt Ihr Kind bestimmt gern zurück. Einige Zahnärzte haben heute eine Zusatzausbildung in klinischer Hypnose und sind daher besonders geeignet, ängstliche Menschen zu behandeln.[3]

Selbst so schmerzhafte Behandlungen wie das Ziehen von Weisheitszähnen lassen sich auf Wunsch ohne Betäubung schmerzfrei vornehmen, wenn Hypnose angewandt wird. Dies verkürzt auch den Heilungsprozeß – allerdings muß der Patient hierfür Selbsthypnose üben. Bei Kindern genügen oft »Geschichten mit Zauberkraft«, um eine angstfreie Behandlung zu ermöglichen.

Das Kind im *Krankenhaus* ist sicherlich ein Thema für sich. Wenn Sie jedoch Zweifel an der Notwendigkeit einer Behandlung im Krankenhaus haben, sollten Sie mit mehreren Kinderärzten darüber sprechen. Es kann vorkommen, daß sich die Aussagen widersprechen.

Ist die Behandlung unvermeidbar, wählen Sie ein Krankenhaus, in dem Sie bei Ihrem Kind wohnen können oder setzen Sie zumindest ausgedehnte Besuchszeiten durch.

Das Immunsystem, das ja die Heilung fördert, arbeitet um so besser, je geborgener und zufriedener das Kind sich fühlt. Deshalb können Sie es mit Ihrer Anwesenheit, Ihrer Aufmunterung und Ihren Geschichten unterstützen. Ein Bilderbuch kann helfen, Ihr Kind auf den Besuch im *Krankenhaus* vorzubereiten. In jedem Fall sollten Sie ihm erklären, um was es geht und was gemacht wird.

Nach einem Unfall kann auch ein *plötzlicher* Krankenhausaufenthalt notwendig sein. Besuchen Sie Ihr Kind so schnell und so oft wie möglich – auch wenn es bei jedem Abschied weint. Es ist wichtig, Ihr Kind spüren zu lassen, daß die Bindung zu Ihnen nur unterbrochen, aber nicht abgerissen ist. Geben Sie ihm irgend etwas von sich mit, und sagen Sie ihm, es soll gut darauf aufpassen, bis Sie es wieder holen. Das gibt ihm die Sicherheit, daß Sie auch wirklich wiederkommen, oder hilft ihm zumindest, daran zu glauben. Natürlich darf auch der eigene Teddy oder die Lieblingspuppe nicht fehlen. Schreiben Sie Ihrem Kind oft, und wenn es noch nicht lesen kann, malen Sie ihm etwas auf. Das Wichtigste aber ist: Erzählen Sie ihm die Geschichte Ihrer Liebe zu ihm. Erfinden Sie die

Geschichte so, daß Sie sie selber mögen, und so, daß sie zu Ihnen paßt. Meine Geschichte würde etwa so lauten:

»Vor fünf (setzen Sie das Alter des Kindes ein) Jahren bist du auf einem Lichtstrahl von weit zu uns gekommen, aber wir mußten noch lange warten, bis du in mir gewachsen warst. Erst als du geboren wurdest, konnten wir dich endlich anfassen und auf den Arm nehmen, streicheln und küssen. Wenn du geschlafen hast, hast du allein in deinem Bettchen gelegen, und wenn du aufgewacht bist, sind wir zu dir gekommen. Wir haben dich auf dem Arm herumgetragen und zum Spielen auf die Erde gelegt, wir waren immer zusammen und auch wieder getrennt. Aber der Lichtstrahl, den man nicht sehen, sondern nur fühlen kann, auf dem du damals zu uns gekommen bist, der verbindet uns seit diesem ersten Moment. Wir fühlen, daß wir zusammengehören, und es ist das Licht der Liebe, das uns verbindet. Du kannst dieses Licht in deinem Inneren fühlen, irgendwo tief in dir drin. Vielleicht kommt dieses Licht aus deinem Herzen, oder vielleicht bist du völlig darin eingehüllt. Du kannst dir dieses Licht

hell und leuchtend vorstellen und es zu einem silbernen oder goldenen Band formen. Dieses Zauberlicht strahlt von dir zu mir, und es verbindet unsere Herzen immer und überall. Dieses Band kann nie zerreißen, und es leuchtet ganz hell von dir zu mir. Du kannst spüren, wie wir durch dieses Band verbunden sind, auch wenn ich gerade nicht in deiner Nähe bin. Und du kannst auch fühlen, wie ich dir gute Gedanken schicke, genauso, wie ich fühle, wenn du an mich denkst. Und wenn du traurig bist, kannst du in deinen Gedanken auf dem Lichtstrahl zu mir reisen, auf dem Band, das uns immer verbinden wird, was auch geschieht.«

Geister, Gespenster und andere Wesen

Jeder sieht irgendwann einmal Gespenster. Und den wenigsten Menschen hilft man in dieser Situation mit dem Satz: »Es gibt keine Gespenster!« Es gibt sie nämlich doch: Sie stehen für alles, was uns angst macht, was wir aber nicht genau sehen und benennen können. Mit der Angst vor Geistern ist meist die Angst vor *Dunkelheit* verbunden. Dunkelheit bedeutet Verlust der Orientierung, Veränderung des Alltäglichen: Der Schrank wird zum Koloß, das hängende Kleid zum Körper, die wehende Gardine zu einem zwielichtigen Flatterwesen.

Im Dunkeln ist alles anders, und es ist nur allzu verständlich, daß Kinder sich dort isoliert und allein fühlen. Eine hübsche Bettlampe, an der Decke klebende Leuchtsterne oder eine Taschenlampe, die neben dem Kopfkissen liegt, können hier helfen, denn: Geister verschwinden, wenn Licht angemacht wird wenn wir – auch im übertragenen Sinn – Licht in eine Angelegenheit bringen. Die Methode ist einfach und wirksam: »Hier auf dem Klo soll ein Gespenst sein? Laß uns mal nachsehen!« Wenn ein Kind in seiner Angst ernstgenommen wird, und man es immer wieder erfahren läßt, daß diese Monster, Geister und Gespenster nichts tun und sich auch nicht zeigen, verliert sich die Angst irgendwann von selbst. Lacht man ein Kind jedoch aus, bleibt die Angst, auch wenn sie vielleicht nicht mehr ausgesprochen wird.

Geister und Monster können aber auch die eingekleideten »bösen« Gefühle des Kindes sein. Wenn Kinder sich zornig und wütend fühlen, denken sie oft, dies sei schlecht, und versuchen, diese Gefühle von sich abzutrennen. Sie erscheinen dann oft als gefährliche Wesen, kommen zum Kind zurück und machen angst. Indem Sie Ihrem Kind erlauben, mit diesen »monströsen« Gefühlen Freundschaft zu schließen und die eigenen Monster anzunehmen, kann das Kind Kontrolle über sie gewinnen. »Jeder ist von Zeit zu Zeit wütend, und du hast wirklich das Recht, sauer zu sein!« Oder: »Ich glaube, das hat dich sehr zornig gemacht. Ich verstehe deine Wut, und du kannst ruhig die Tür knallen oder auf dein Bett einschlagen!« Die allerbeste und wirksamste Methode, mit Wesen und Unwesen um-

zugehen, erfordert etwas Mut, ist aber für Erwachsene und Kinder glei-
chermaßen empfehlenswert:

> Nicht angreifen!
> Nicht wegrennen!
> Mit dem Wesen reden!

Denn wenn einem Monster, Geister, Hexen oder Teufel begegnen, haben
sie einem oft etwas Wichtiges mitzuteilen. Daher lohnt sich die Frage
immer: Warum bist du hier? Was willst du von mir? Was willst du mir
mitteilen?
Fast jeder von uns hat übrigens laute oder leise Monsterstimmen im Kopf,
die uns innerlich antreiben, schlechtmachen, kritisieren oder abwerten.
Wer es jedoch schafft, mit ihnen ins Gespräch zu kommen, kann nicht
nur eine ganze Menge über sich selbst erfahren, sondern auch lernen,
diese Anteile miteinander ins Gespräch zu bringen und so einen inneren
Dialog zu führen, bei dem hoffentlich auch freundliche Stimmen zu Wort
kommen. Interessant ist so eine innere Konferenz allemal – aber Sie werden
sich auch sehr befreit fühlen, wenn die unterschiedlichen »Parteien« zu
einem Kompromiß finden.
Kinder, die über eine herrliche Unbefangenheit verfügen, können solche
Unterhaltungen ganz offen führen und verständnisvollen Eltern auf diese
Weise Einblick in ihre inneren Konflikte geben. Im Prinzip kann jeder
Holzklotz zu jedem beliebigen Wesen werden und so Rede und Antwort
stehen. Manchmal spielen Kinder auch sehr gern mit echten Monsterfiguren
oder gefährlich aussehenden Wesen und bauen hierdurch Ängste ab.
Neben der Aufklärung, daß ja im Dunkeln alles anders aussieht, ist es
jedoch wichtig, dem Kind zu helfen, Wege zu finden, mit den Monstern
fertig zu werden, es zu stärken und ihm Mut zu machen, so daß es nicht
so sehr von der Gnade der Geister abhängig ist.
»Sollten hier heute nacht wieder Geister auftauchen, strahlst du sie mit
deiner neuen Zauberlampe gegen Geister an und fragst sie, was sie wollen!«
Vielleicht haben Sie aber auch Lust, ein Gespenstermobile zu basteln?
Dabei ist es gut, wenn Ihr Kind Regie führt und die einzelnen Wesen auf
Pappe aufmalt, bevor sie ausgeschnitten werden. Diese Gespenster sind
viel echter und kreativer als vorgefertigte, die nur nachgebastelt werden.

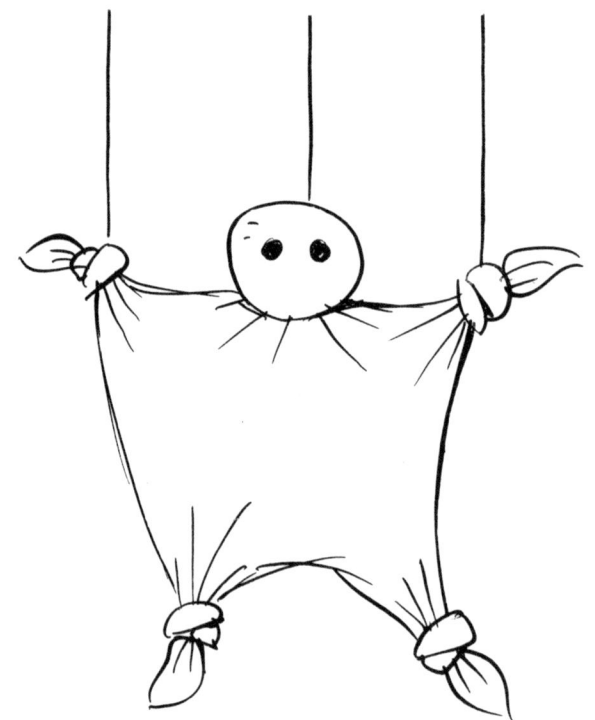

Einfach herstellen läßt sich auch eine Gespenstermarionette. In ein weißes Seidentuch (ca. 90 mal 90 cm) wird in der Mitte ein Klumpen Watte oder Naturwolle als Kopf abgebunden. In die vier Ecken kommen Knoten (Hände und Füße). Zwei davon werden als Hände an zwei Fäden gebunden, die es ermöglichen, die Puppe zu bewegen. Der Kopf bekommt ebenfalls einen Faden, der mit den Handfäden zusammen an einen Ast oder ein Rundholz gebunden wird. Mit so einem Gespenst kann man reden, spielen und es auch dort aufhängen, wo sich Gespenster eben aufhalten. Es kann zu einem richtigen Freund werden.

Kinder, die sich vor Verkleidungen, Dunkelheit und bösen Gesichtern nicht mehr richtig fürchten, können mit Gruselspielen und ausgehöhlten Kürbissen, in die eine Kerze gestellt wird, mit Gespensterverkleidung und nächtlichen Taschenlampenabenteuern erfahren, daß ein bißchen Angst zu haben auch sehr lustvoll sein kann. Das Märchen der Gebrüder Grimm »Von einem, der auszog, das Fürchten zu lernen«, eignet sich für Kinder ab ca. zehn Jahren und ist besonders lustig. Das Märchen beginnt so, wie es auch heute noch beginnen könnte: »Ein Vater hatte zwei Söhne, davon war der älteste klug und

gescheit und wußte sich in alles wohl zu schicken. Der jüngste aber war dumm, konnte nichts begreifen und lernen, und wenn ihn die Leute sahen, sprachen sie: ›Mit dem wird der Vater noch seine Last haben!‹

Dieser danebengeratene Sohn hat nur einen Wunsch: Er möchte sich einmal richtig gruseln. Der Vater, schon ziemlich resigniert, bittet den Küster um Hilfe. »Wenn's weiter nichts ist, das kann er bei mir lernen. Tut ihn nur zu mir, ich will ihn schon abhobeln.« Der Küster verkleidet sich als Geist, wird aber von unserem Helden die Treppe runtergeschubst – das Gruseln hat er dabei nicht gelernt. So wird er in die Welt geschickt – aber weder am Galgen baumelnde Tote noch Geister in einem verwunschenen Schloß können ihn erschrecken. Statt dessen unterhält er sich mit schwarzen Geisterkatzen, die feurige Augen haben, vertreibt Hunde an glühenden Ketten und bleibt auch witzig, als ein in Stücke zerteilter Mensch durch den Schornstein gepoltert kommt. Er spielt Kegeln mit Totenköpfen und wärmt Tote am Feuer – das Gruseln lernt er allerdings nicht. Dafür hat er durch seine Unbekümmertheit das Schloß erlöst und erhält die Prinzessin zur Frau. So weit, so gut. Aber er möchte sich doch einmal gruseln! Schließlich schreitet die Kammerjungfrau ein. »Ich will Hilfe schaffen! Das Gruseln soll er schon lernen.« Sie ging hinaus zum Bach, der durch den Garten floß, und ließ sich einen ganzen Eimer voll Gründlinge holen. Nachts, als der junge König schlief, mußte seine Gemahlin ihm die Decke wegziehen und den Eimer voll kalt Wasser mit den Gründlingen über ihn schütten, so daß die kleinen Fische um ihn herumzappelten. Da wachte er auf und rief: »Ach, was gruselt mir, was gruselt mir liebe Frau! Ja, nun weiß ich, was Gruseln ist.«

Aber auch folgende Spiele bieten sich an, Geister und Gespenster besser kennenzulernen. Sie machen übrigens auch bei Geburtstagsfeiern viel Spaß.

Schneegespenster (ab 4 Jahre)
Aus Schnee lassen sich Gespenster bauen, und zwar so, daß sie unten einen Hohlraum haben. In diesen stellt man bei Dunkelheit ein Teelicht – zwei Eierkohlen sind die Augen.

Taschenlampe (ab 5 Jahre)
Gruselig und interessant ist es, wenn man sich im Dunkeln eine Taschenlampe in den Mund steckt. Auch Hände können auf diese Weise unheimlich beleuchtet werden.

Geisterbahn (ab 5 Jahre)
Möglichst viele Kinder stellen sich in zwei Reihen gegenüber. Sie sind die Geister und dürfen ein Kind, das sich freiwillig gemeldet hat und

durch die Geisterbahn geht, erschrecken, indem sie Gesichter schneiden, heulen, schreien oder sich sonstwie schrecklich verhalten. Berühren ist jedoch streng verboten!

Der Vampir geht um (ab 8 Jahre)
Das Spiel wird mit geschlossenen oder verbundenen Augen oder – besonders gruselig – in einem dunklen Raum gespielt. Die Spielleiterin tippt nun unmerklich für die anderen ein Kind an – das ist der Vampir. Während alle durch den möglichst leeren Raum gehen, berührt der Vampir einen der Mitspieler durch Tasten an beiden Schultern. Der Berührte gibt einen Schrei von sich. Er ist nun auch Vampir, der umhergeht. Begegnen sich zwei Vampire, fassen sie sich gegenseitig an die Schultern und stöhnen leicht. Sie sind nun erlöst und können wieder zu Opfern werden. Das Spiel endet, wenn alle Vampire sind, oder es wird nach einer festgelegten Zeit abgebrochen.

Dem Geist erschien ein Gummibär
und fragte ihn, wie spät es wär.

Dem Geist erschien ein Murmeltier,
das schlief bis nachmittags um vier.

Dem Geist erschien ein Elefant,
worauf der Geist im Schrank verschwand.

Dem Geist erschien ein Krokodil,
worauf der Geist in Ohnmacht fiel.

Angela Wiesner

Wenn Träume angst machen

Schlaf enthält die kostbare Zeit der Träume, der guten wie der schlechten. Träume sind unser geheimer Schatz, unser Zauberland, in dessen unbegrenztem Raum wir uns frei entfalten. Daß in diesem Land auch Dinge geschehen, die uns angst machen, wissen alle Kinder. Die Kleinen, die noch nicht sprechen können, wollen einfach in den Arm genommen werden. Dann spüren sie wieder, daß alles gut ist, daß die Traum-Bilder kommen und gehen. Diese Geborgenheit in einem menschlichen Arm oder an einer menschlichen Schulter ist durch nichts zu ersetzen. Älteren Kindern kann man zusätzlich erklären, daß das, was sie im Traum erlebt haben, nicht wirklich schrecklich ist. Es ist eine besondere Sprache, die Sprache der Bilder oder die Sprache der Seele, die nachts hervorholt, was wir tagsüber gesehen und erlebt haben. Sie möchte uns manches noch einmal zeigen, weil wir am Tag nicht genug Zeit hatten, genau hinzuschauen. Manchmal wollen uns die Bilder an etwas erinnern oder vor etwas warnen. Manchmal möchten sie uns auch auf unsere Wünsche hinweisen oder uns etwas vorschlagen. Träume helfen uns, das Leben zu meistern und auch mit schlimmen Erfahrungen fertig zu werden.

Gleichzeitig können Sie Ihrem älteren Kind sagen, was es am besten tut, wenn es aus einem Alptraum erwacht:

Um in die Wirklichkeit zurückzufinden, benutzt man am besten seine Sinne: hören, wie die vertraute Spieluhr klingt, die im Bett neben einem liegt und die man aufziehen kann, aufspüren, wie das Zimmer riecht, die wohlige Wärme des Bettes bewußt wahrnehmen, mit den Händen prüfen, ob Kuscheltier oder Puppe noch da sind, mit den Augen die Umrisse der vertrauten Möbel erkennen oder den Schein der Straßen- oder Himmelsbeleuchtung wahrnehmen.

Zauberlied gegen böse Träume

Text: Michael Ende
Melodie: Dorothée Kreusch-Jacob

1. E - ne be - ne sub - tra - he - ne!
Kei - ne Angst und kei - ne Trä - ne!
Schon ist al - les nicht mehr schwer.

2. Böse Träume, laßt euch sagen:
Euch kann jedes Kind verjagen!
Kommt nur ja nicht zu mir her!

3. Um ein Ende euch zu machen,
brauch ich ja nur aufzuwachen,
und schon gibt es euch nicht mehr!

4. Soll ich euch nicht so behandeln,
müßt ihr euch sofort verwandeln:
Gute Träume mag ich sehr!

5. Seid ihr gut, dann dürft ihr bleiben.
Seid ihr bös, wird euch vertreiben:
Ene bene timpe teer!

Nächtliche Unterhaltung

Wenn einer nachts ans Fenster klopft
in irgendeinem obern Stock,
ist es, wie du weißt,
meist
ein Geist.
Laß ihn nicht zu lange klopfen,
mach ihm auf,
sprich mit ihm,
frag ihn, wie er heißt,
frag ihn auch, was er so treibt,
frage ihn, woher er kommt
und wohin er reist.
Erzähl auch du ihm allerlei –
er erzählt noch mehr!
So ein kleines Plauderstündchen
schätzt er nämlich sehr.
Wenn er schließlich weitermuß,
weiter in die Ferne,
sag, daß er dir schreiben soll
ab und zu
einen schönen Gruselgruß.
Glaub, er tut es gerne.

Josef Guggenmos

Das Bettgespenst

Unter dieser Zauberdecke
liegt ein Geist in dem Verstecke,
kichert »hi!«,
kichert »ho!«
kratzt sich gar an seinem Po!
Wackelt mit dem großen Zeh!
Warte nur, wenn ich dich seh!
Zieh ich schnell die Decke weg,
ist er nicht mehr da vor Schreck.

Roswitha Fröhlich

Genügt dies alles nicht, ist es besser, ganz aufzustehen, Licht anzumachen, aufs Klo zu gehen und den Alptraum Mama oder Papa zu erzählen, aufzumalen oder aufzuschreiben. Spätestens am nächsten Morgen sollte das Kind seinen Traum erzählen dürfen und von den Eltern erfahren, daß auch sie manchmal Träume haben, die angst machen. Wenn sich die Mitglieder einer Familie oder Gemeinschaft regelmäßig ihre Träume erzählen, wächst das Verständnis füreinander. Es sollte zum guten Ton gehören, sich hierfür Zeit zu nehmen.
Hinterher kann ja das Traumfresserchen kommen, das ganz wild auf böse Träume ist – oder Nana Bunilda, die sie zu Schokoladenkuchen verarbeitet.

Angst vor dem Alleinsein

Die erste Angst, die ein Kind im allgemeinen erfährt, ist die Trennungsangst. Sie entsteht, wenn das Neugeborene sich irgendwann als getrennt von seiner Mutter erlebt. Im Kapitel »Diffuse Ängste« bin ich bereits darauf eingegangen.

In diesem Kapitel geht es mir nur um die Ängste älterer Kinder, die sich ganz bewußt von der Mutter oder dem Vater trennen sollen, zum Beispiel, um einige Stunden im Kindergarten zu bleiben oder später auch allein zu Hause. Diese Kinder wissen im voraus, daß sie sich trennen müssen und erfahren auch, daß die Eltern zuverlässig nach einer vereinbarten Zeit

zurückkommen. Zunächst ist diese Erfahrung für jedes Kind neu und macht daher mehr oder weniger angst. Es gibt Kinder, die ausgesprochen gern woanders sind oder gern allein bleiben, während andere besonders anhänglich und eher ängstlich sind. Alle Kinder müssen sich auf das, was die Eltern sagen, verlassen können: Es ist daher immer besser, mögliche Verspätungen gleich zu erwähnen, anstatt das Kind in Panik zu versetzen.

An Trennungen müssen sich Kinder – wie an vieles andere auch – *allmählich* gewöhnen. Es ist daher sinnvoll, während einer *Eingewöhnungszeit,* die mit den Erzieherinnen oder der Tagesmutter vereinbart werden sollte, im Raum zu bleiben, die Betreuungspersonen wirken zu lassen und sich dann in einem günstigen Moment für eine Stunde oder länger konsequent zu verabschieden und zuverlässig zur vereinbarten Zeit zurückzukehren. Einem Dreijährigen kann man erklären und verständlich machen, warum man weggeht und wann man wiederkommt, und man kann ihm auch zumuten, mit anderen Bezugspersonen für einige Zeit allein zu sein. (Sowie eine gute Beziehung zu einer Betreuungsperson hergestellt ist, kann man auch jüngere Kinder fremdbetreuen lassen.)

Ab wann können Eltern nun ihre Kinder ganz allein lassen? Das hängt ganz von den Bedingungen ab. Ältere Geschwister, nette, erreichbare Nachbarn, ein großer, lieber Hund oder die Oma gegenüber nehmen Angst und verbreiten Sicherheit. Sie selbst müssen jedoch auch ein gutes Gefühl dabei haben, das heißt, sicher sein, daß Ihr Kind sich zu helfen weiß. Und natürlich muß das Kind selbst dazu *bereit sein*, eine Zeitlang allein zu sein. Wichtig ist, daß die Kinder telefonieren können und genau wissen, wie sie sich im Notfall zu verhalten haben. Wenn Kinder nicht allein bleiben wollen oder die Eltern ihnen dies aus guten Gründen nicht zumuten wollen, helfen Babysitter, Verwandte oder Bekannte auch größeren Kindern gern.

Manchmal haben Kinder auch Angst vor Einbrechern und Entführern, von denen sie irgendwo gehört oder gelesen haben. Und nicht immer möchten sie dies vor den Eltern zugeben. Es kann daher gut sein, Kinder in einer ruhigen, sicheren Situation (und nicht direkt vor dem Weggehen) darüber aufzuklären, wie sie sich in so einem Fall verhalten sollen. Polizeinotruf, eine Alarmanlage, lautes Schreien und andere *konkrete Möglichkeiten* müssen besprochen und geübt werden – zumal die Gefahr des Einbruchs ja realistisch sein kann. Daß man alles, was man konkret und im Geiste schon einmal durchgegangen ist, viel besser meistert, können Sie Ihren Kindern am Beispiel von Spitzensportlern verdeutlichen, die ja alle auch mental trainieren.

Andere Kinder machen sich auch Sorgen um ihre Eltern. Sie haben Angst, diese könnten mit dem Auto verunglücken oder vom Blitz getroffen werden. Auslöser können ebenfalls Zeitungsmeldungen sein, aber auch »schlechte« Gefühle wie Wut und Haß können dahinterstecken. Jedes Kind wünscht sich irgendwann einmal, die Eltern mögen tot sein, und fühlt sich dann für diese verbotenen Gedanken schuldig. Diese verborgenen Gefühle kehren dann als Ängste zurück. Prinzipiell ist es daher gut, dem Kind deutlich zu machen, daß es wütend und zornig sein darf. »Du bist jetzt sehr wütend auf mich. Ich kann das verstehen. Als ich so alt war wie du, habe ich mir manchmal sogar gewünscht, meine Eltern wären tot.«

Kinder heimlich oder gegen ihren Willen allein zu lassen, ist in meinen Augen verantwortungslos. Außerdem verzögert dieses Verhalten die Entwicklung zur Selbständigkeit, denn traumatische Erlebnisse wie nachts allein aufzuwachen und nicht zu wissen, wo die Eltern sind, bleiben oft ein Leben lang haften und lösen dauernde Angst aus.

Angst vor dem Tod

Irgendwann macht jedes Kind ganz bewußt die traurige Erfahrung, daß Blumen, Tiere und auch Menschen sterben. Wer das Glück hat, das Werden und Vergehen in der Natur beobachten zu können, muß sich vor diesem Thema nicht fürchten. Es gibt kein Leben ohne Tod. Die Schneeglöckchen kommen aus der Erde und ziehen sich wieder in sie zurück, wenn ihre Zeit um ist. Bäume treiben Blätter aus und verlieren sie im Herbst wieder, oft mit ihren Früchten. Das Leben hört nicht auf, sondern verändert ständig seine Form.

Die Vorstellung, daß die Toten im Himmel sind, ist für Kinder viel selbstverständlicher als für Erwachsene. Sie kennen das auch von Pippi Langstrumpf, die ihrer Mutter im Himmel zuwinkt.

Trotzdem kann es vorkommen, daß bestimmte, mit dem Tod zusammenhängende Erlebnisse Kinder erschrecken oder Angstzustände auslösen. Dies ist meist dann der Fall, wenn Kinder sich schuldig fühlen oder ihr Verhalten mit dem Tod in Zusammenhang bringen. Diese Angst können sie jedoch nicht aussprechen, und auch die Erwachsenen werden sie nicht verstehen.

Horst Eberhard Richter beschreibt den Fall eines fast zehnjährigen Mädchens, das mit seinen Eltern in die Klinik kam, weil es nicht in die Schule gehen wollte und nachts Herzklopfen und Übelkeit bekam. Dieses Kind hatte seiner Tante einen entliehenen Eimer zurückgebracht und war von dieser dann geschimpft worden, weil es keine Strümpfe anhatte. Am nächsten Morgen war diese Tante plötzlich verstorben. Am gleichen Abend setzten bei dem Kind die Symptome ein, und es wollte unbedingt zum Arzt und ins Krankenhaus. Während die Eltern das Kind nicht verstanden und die Mutter es schon immer als schwierig empfand und es oft geschlagen hat, nimmt der Therapeut in der Klinik seine Angst ernst.

»Ich glaube, du hast Angst, daß du genauso sterben mußt wie die Tante, und deshalb willst du abends die Augen nicht zumachen und einschlafen. Du glaubst, du würdest nicht wieder aufwachen.« Wie zur Bestätigung erzählt das Mädchen nun von ihrem schrecklichen Herzklopfen und der

Übelkeit. »Der Therapeut hat den Eindruck, daß Bettina ihm allmählich zutraut, daß er sie verstehe. Bisher hatten ja alle ihre Angst nur bagatellisiert und auszureden versucht. Jetzt sieht sie, daß jemand die Ernsthaftigkeit ihrer Todesbefürchtungen respektiert. Und es mag sie auch erleichtern, daß man die ihr unbewußte Identifizierung mit der Tante anspricht. Denn schon jetzt kann man vermuten, daß das außerordentlich aggressionsbereite Mädchen in sich unbewußt einen magischen Zusammenhang hergestellt hat zwischen ihrer Wut auf die undankbare, schimpfende Tante und deren Tod. Nicht nur ihre Wut mußte ihr große Schuldgefühle bereiten, sondern obendrein ihre Unterlassung, die tödliche Krankheit der Tante wahrzunehmen und Hilfe zu holen.«[4] Die Symptome besserten sich nun, und nach weiteren Gesprächen konnte Bettina wieder in die Schule gehen und auch allein in die Ferien fahren.

An diesem Beispiel wird wohl deutlich, wie wichtig ein Gespräch ist, das dem Kind zeigt, daß es in seiner Angst ernstgenommen und verstanden wird. Der Erwachsene muß verstehen lernen, welche Vorstellungen und Bilder im Innern des Kindes vorhanden sind und diese ans Tageslicht holen. Verschlossenen Kindern hilft man am besten mit Figuren oder Handpuppen. Nur wer sich in die Gedankenwelt des Kindes hineinbegibt, die es einem bereitwillig mit dem entsprechenden Material vorspielt, wird es verstehen und ihm helfen können.

Wichtig finde ich auch, dem Kind seine Trauer zuzugestehen. Wir neigen heute leicht dazu, Störungen nicht zu akzeptieren. Alles soll funktionieren – auch unsere Kinder. Jeder Tod löst tiefe Trauer aus, und es ist das Recht des Kindes, auf seine Art trauern zu dürfen. Wir müssen diese Gefühle akzeptieren, auch wenn sie uns selber angst machen und uns verunsichern. Der Begriff Trauerarbeit macht deutlich, daß die Seele Zeit braucht, um einen Verlust zu verarbeiten. Hilfreich dabei ist ganz konkrete Arbeit wie malen, modellieren oder das Grab des Verstorbenen schmücken.
Der Tod läßt sich nicht bagatellisieren – er gehört zum Leben und ermöglicht Leben. Und obwohl der Tod letztendlich ein Geheimnis bleibt, haben alle Religionen versucht, eine Antwort auf diese letzte Frage zu finden.
Eltern tun gut daran, sich mit dem Tod zu beschäftigen, *bevor* es ihre Kinder tun und bevor sie durch einen Todesfall unvorbereitet damit konfrontiert werden.
Mir selber hat *Das tibetische Buch vom Leben und vom Sterben*[5] sehr geholfen, über das die englische Zeitung *Observer* schreibt: »Es ist ein Buch für die Anhänger aller Religionen – und auch für die, die keiner Religion anhängen.« Und in seinem Vorwort schreibt der Dalai Lama: »Da ich weiß, daß ich mich dem Tod nicht entziehen kann, sehe ich keinen Sinn darin, mich vor ihm zu fürchten. Ich sehe den Tod eher so an, wie wenn man Kleider wechselt, wenn sie alt und abgetragen sind, und nicht als letztes Ende.« Gut gefallen haben mir auch die Worte meiner Freundin Wichmuth Schäfer: »Sieh es so: Alles Leben kommt aus der Erde. Sie ernährt uns und kleidet uns, und dafür sollten wir ihr sehr dankbar sein. So ist auch unser Körper letztlich aus Erde gemacht und wir geben ihn der Erde zurück. Sie hat uns ein Kleid gegeben und, wenn die Zeit gekommen ist, geben wir es zurück.«

Wenn Ihr Kind schüchtern ist

Schüchtern nennt man eine Form der Ängstlichkeit, die sich auf den Umgang mit Mitmenschen bezieht.

Für kleine Kinder ist es normal, in bestimmten Entwicklungsstufen durch Phasen von Schüchternheit zu gehen.

Das Femdeln im Alter zwischen fünf und neun Monaten hat nichts mit Schüchternheit zu tun, genausowenig wie die Angst des Kleinkindes vor unbekannten Menschen. Fremden gegenüber zurückhaltend zu sein, ist eine normale und sinnvolle Reaktion. Jedes Kind sollte prüfen dürfen, was für ein Mensch das ist, der da auf einen zukommt. Distanzlosigkeit, das heißt ungehemmtes Zugehen auf Unbekannte und Vertrauen in jemand setzen, den ich gar nicht kenne, ist das Zeichen von Kindern, die viel Lieblosigkeit in der eigenen Familie erfahren mußten. Diese Kinder gehen auf Fremde zu, erzählen ihnen ungefragt von sich und suchen auch Körperkontakt. Allerdings gibt es auch in fürsorglichen Familien extrovertierte Kinder, die gern auf andere zugehen und viel erzählen, und in der gleichen Familie kann ein Geschwisterkind gern für sich allein spielen, zurückhaltend sein und sich dennoch sehr wohl fühlen.

Schüchterne Kinder dagegen sehen sich selbst als Außenseiter, das heißt, sie würden gern auf andere zugehen, trauen sich aber nicht.

Schüchternheit ist sehr verbreitet. Nach einer amerikanischen Untersuchung halten sich 40 Prozent der dortigen Bevölkerung für schüchtern. Diese Menschen fühlen sich sehr gehemmt und haben ein schlechtes Selbstwertgefühl. Sie kennen ihre »Fehler« ganz genau, haben jedoch Schwierigkeiten, ihre Fähigkeiten zu bemerken. Sie sind empfindlich gegenüber Kritik und vermuten sie überall.

Weil schüchterne Kinder sich selbst häufig schlechtmachen, ist es wichtig, sie zu loben und ihnen zu helfen, ihre Stärken und Fähigkeiten selbst wahrzunehmen. Deshalb kann es hilfreich sein, eine Liste ihrer Stärken und Fähigkeiten aufzustellen oder im Familienkreis einmal ein Gespräch darüber zu führen, was jeder an dem anderen besonders mag. Im Alltagsgeschehen kritisiert man einander ja häufig: »Häng deine Jacke auf!«

»Kämm dir die Haare!« – ein schüchternes Kind faßt dies als Kritik an sich selbst auf (Ich bin unordentlich und schlecht) und übersieht dabei seine guten Seiten. Ich habe oft erlebt, wie glücklich Erwachsene und Kinder wurden, wenn sie sich gegenseitig fast als banal erscheinende Lobe aussprachen oder aufzählten, was sie aneinander mochten. Sie hatten es tatsächlich nicht gewußt oder vergessen!

Schüchterne Kinder sollten außerdem soziale Fähigkeiten mit Hilfe eines Erwachsenen oder in der Kindergruppe trainieren. Hierzu gehört die Beachtung der Körpersprache und die Einübung kleiner Sätze, die Kontakt herstellen. Dies kann man hervorragend und ganz nebenbei im Rollenspiel üben. Sie setzen sich zum Beispiel eine komische Mütze auf und sagen: »Also ich bin jetzt der Paul, und du fragst mich, ob ich mit dir Fußball spielen will.«

Oder: »Ich bin jetzt mal die Nadine mit ihren drei Freundinnen (Sie plazieren drei Kuscheltiere oder Puppen), und du kommst und fragst, ob du mitspielen kannst.«

Der große Hund
war sehr mutig
und fürchtete sich fast nie.
Nur vor roten Luftballons
hatte er Angst.
Der kleine Hund war überhaupt nicht mutig
und fürchtete sich dauernd.
Aber rote Luftballons fand er schön.
Der große Hund beschützte den kleinen.
Doch wenn ein roter Luftballon vorbeischwebte,
nahm der kleine Hund den großen
in seine Arme.

Frauke Nahrgang

Angst vor dem Kindergarten oder der Schule

Die meisten Menschen haben Angst vor Veränderungen. Daher ist es ganz normal, wenn ein Kind, das neu in den Kindergarten kommt, Angst davor hat. Dreijährige, die noch nie längere Zeit von den Eltern getrennt waren, brauchen eine Eingewöhnungszeit (vgl. auch S. 46).

Wenn ein Kind nach ungefähr drei Wochen noch immer große Angst hat, im Kindergarten zu bleiben, sollten Sie herausfinden, warum. Welche Erklärung hat die Kindergärtnerin? Und welche haben Sie? Wenn Sie alle Gründe, die bei Ihnen und in Ihrer familiären Situation liegen, ausschließen können, muß es irgend etwas im Kindergarten geben, das Ihrem Kind angst macht. Vielleicht werden die Kinder bestraft oder angebrüllt? Vielleicht tyrannisieren größere Kinder kleinere? Vielleicht ist die Essenssituation unerträglich oder der erzwungene Mittagsschlaf? Ich würde die Situation sehr genau prüfen, indem ich einen ganzen Tag bei meinem Kind bleibe, um zu beobachten, was vor sich geht. Nach meinen Erfahrungen ist die Angst des Kindes meist berechtigt, und dann ist es wohl das beste, sich nach einem anderen Kindergarten umzuschauen.

Sind Sie jedoch von dem Kindergarten begeistert, Ihr Kind will aber trotzdem nicht hin, könnte es sein, daß es Angst um Sie selbst hat, ob mit Ihnen in seiner Abwesenheit auch alles in Ordnung geht. Haben Sie vielleicht eine neue Arbeitsstelle, über die Sie zu Hause mal gestöhnt haben: »Die Arbeit bringt mich noch um«? Oder befürchtet Ihr Kind vielleicht, daß Sie mit dem Baby oder einem neuen Freund »durchbrennen«? Fühlt sich Ihr Kind für irgend etwas schuldig, was im Umkreis der Familie vorgefallen ist? Oft nehmen Kinder Schuld auf sich oder fühlen sich für Vorfälle verantwortlich, mit denen sie aus Erwachsenensicht gar nichts zu tun haben. Es braucht manchmal viel Geduld und Einfühlungsvermögen, bis der Erwachsene dahinterkommt. Wenn das Problem anfängt, sich im Kreis zu drehen und Sie allein nicht weiterkommen, kann das Aufsuchen einer Beratungsstelle oder Therapieeinrichtung hilfreich sein.

Während der Kindergartenbesuch freiwillig ist, besteht *Schulpflicht.* Schon allein das ist ein Grund, daß Schulängste sich besonders zuspitzen können.

Manchmal ist es nur ein »kleiner« Anlaß, und das Kind weigert sich, weiter zur Schule zu gehen. Oft macht es auch wieder ins Bett, wenn es Angst in der Schule hat. Vielleicht ist es von Mitschülern geärgert worden, vielleicht wurde es bedroht oder erpreßt? Eine Lehrerin kann abwertende oder verletzende Bemerkungen gemacht haben – wichtig ist, herauszufinden, was vorgefallen ist, um mit möglichst allen Beteiligten reden zu können. Es gibt leider tatsächlich Lehrerinnen, die eigentlich besser nichts mit Kindern zu tun haben sollten. Wenn Eltern sich aber das Verbreiten von Angst und Schrecken gefallenlassen, wird sich nichts verändern. Also suchen Sie das Gespräch!

Überall, wo sich Eltern gegen die Angst zusammentun, sind sie nicht nur ein gutes Beispiel für ihre Kinder, sondern auch Anlaß zu Diskussion und Einflußnahme.

Eine gute Schule muß immer eine Schule ohne Angst sein, denn Angst verhindert lernen und macht Kinder auf Dauer krank. Konflikte, die mit Gewalt und Erpressung unter Kindern zu tun haben, können Kinder nicht allein lösen. Sie brauchen vielmehr Erwachsene, die ihnen helfen, Recht von Unrecht zu unterscheiden und durchzusetzen. Mit Hilfe der Lehrerin sollten gerade auch kleine Kinder erfahren, daß Erpressung auf Dauer zu nichts führt. Begangenes Unrecht kann auf kindgemäße Art »gesühnt« werden, zum Beispiel, indem Entschuldigungsbriefe geschrieben oder etwas vom Taschengeld ersetzt und wiedergutgemacht wird.

Sowie jemand anfängt, etwas gegen die Angst zu tun – zu reden, zu handeln, sich jemand anzuvertrauen –, verändert sich das Klima, und die Probleme können gelöst werden.

Angst vor der Trennung der Eltern

Zum Alltagsleben heutiger Kinder gehört, daß sie miterleben müssen, wie ihre Eltern sich streiten, ohne sich wieder zu vertragen, und daß die Mehrzahl der Ehen geschieden wird. Das heißt: Die meisten Kinder erleben heute, daß Vater und Mutter auseinandergehen, sich bis aufs Messer bekämpfen und ihre Kinder in diese Auseinandersetzungen mit einbeziehen. Besonders in der Phase der schon spürbaren, aber noch nicht vollzogenen Trennung macht dies angst: Kinder fühlen sehr deutlich, daß etwas in der Luft liegt, daß es zwischen den Menschen, die sie lieben, spürbar knistert, und sie ahnen, daß Liebe offensichtlich keine zuverlässige Basis ist.

Sehr oft fühlen sich Kinder dann für das schlechte Klima zu Hause verantwortlich und unternehmen verzweifelte und natürlich unfruchtbare Versuche, besonders lieb zu sein, um den Schaden zu beheben. So kann ein Kind leicht auf den Gedanken kommen, sein schlechtes Verhalten habe den Papa aus dem Haus getrieben oder die Eltern hätten sich getrennt, weil sie sich über seine Erziehung gestritten hätten. Kinder machen sich auch große Sorgen um ihre Eltern, indem sie sich fragen, wie es dem armen Papa allein in seiner Wohnung gehen mag oder warum Mama so traurig aussieht. Auch der Streit ums Finanzielle bleibt nicht verborgen, so daß sich Kinder fragen, wie sie überleben sollen, wenn die Mutter dem getrennt lebenden Vater vorwirft, daß sie von dem (Unterhalts-)Geld nicht leben kann! Manchmal bringen Kinder auch große Opfer. Sie werden krank oder entwickeln Symptome, um ihre Eltern vom Streit abzulenken und ihre Aufmerksamkeit ganz auf das Kind zu lenken.

Eltern können ihren Kindern deshalb einen großen Dienst erweisen, wenn sie ihnen altersgemäß und verständlich erklären, was zwischen Mutter und Vater vorgeht, was sie als Kinder zu erwarten haben und was Mutter und Vater selber tun, um mehr Klarheit zu erlangen oder die Trennung vorzubereiten.

Ich möchte etwas näher erläutern, was das konkret heißen könnte. Es ist wichtig, daß Ihr Kind die Erklärungen, die Sie ihm geben, auch versteht. Einem Zweijährigen kann man sagen: »Papa ist nicht da. Papa kommt wieder. Du wirst Papa besuchen. Papa hat dich lieb, und Mama hat dich auch lieb.«

Eine Zwölfjährige möchte aber Einzelheiten wissen und nachfragen. Auf keinen Fall ist es gut, den abwesenden Elternteil schlechtzumachen. Ihr Kind bleibt immer Ihr gemeinsames Kind, und niemand fühlt sich wohl bei der Vorstellung, das Kind eines miesen Typen zu sein.

Wenn das Kind nicht bei Ihnen leben wird, sagen Sie ihm, wie oft Sie es besuchen werden, und geben Sie nie leere Versprechungen ab! Diese brechen einem Kind immer das Herz.

Wenn ein Elternteil einfach weggegangen ist und keinen Kontakt mehr zu dem Kind haben will, ist es wichtig, das Kind wissen zu lassen, daß dies ein Problem des weggegangenen Elternteils ist. Kinder denken oft, sie selbst wären der Grund für das plötzliche Verschwinden und sie hätten den Elternteil zum Gehen veranlaßt. Betonen Sie deshalb, daß der weggegangene Elternteil einfach nicht erwachsen genug war, um Vater oder Mutter zu sein und nicht wußte, wie man sich als Vater oder Mutter zu verhalten hat. Helfen Sie Ihrem Kind, sich selber wertvoll und liebenswert zu fühlen, indem Sie ihm Gelegenheit geben, sein Können einzusetzen oder mit ihm etwas gemeinsam zu gestalten. Es ist nützlich, das Kind darauf vorzubereiten, daß ein schwieriger Weg vor Ihnen liegt – daß Sie es aber gemeinsam schaffen werden.

Alle Eltern haben heute die Möglichkeit, sich in Ehekrisen Hilfe zu holen und eine mögliche Trennung so zu gestalten, daß Kinder keine unnötigen Ängste ausstehen müssen.

Neben der Angst sind Trauer und Wut die Gefühle, die Kinder bei der Trennung ihrer Eltern erleben. Sei es, daß sie sich wertlos und nicht liebenswert fühlen oder daß sie sich passiv zurückziehen und kein Interesse mehr an den Dingen zeigen, die ihnen wichtig waren.

Manche Kinder werden hyperaktiv und versuchen ihren traurigen Gefühlen davonzulaufen. Oft fangen Kinder auch grundlos an zu weinen und erleben wieder Ängste, die sie schon überwunden hatten. So kann es sein, daß sie im Dunkeln Angst haben, nicht mehr allein sein wollen oder wieder ins Bett machen. Die schlimmste Angst ist jedoch ganz sicher die, verlassen zu werden. Deshalb ist es wichtig, dem Kind zu versichern, daß es nicht verlassen ist und daß Vater und Mutter ihm erhalten bleiben.

Weil Eltern, die in Trennung leben, sehr mit ihren eigenen Gefühlen beschäftigt sind, besteht die Gefahr, daß sie zu wenig Kraft haben, sich dem Kind zuzuwenden – obwohl es gerade jetzt viel Zeit braucht. Hierdurch können erneut Ängste entstehen, oder Kinder entwickeln Symptome, um die Aufmerksamkeit zu erhalten, die sie brauchen.

Fragen Sie Ihr Kind ruhig, welche Ängste und Sorgen es im Hinblick auf die Trennung hat, und geben Sie ihm Gelegenheit, diese auch aufzumalen oder mit Ton, Knete, Handpuppen oder anderen Figuren auszudrücken. Niemals sollten Sie versuchen, das Kind im Kampf um seine Liebe und Loyalität auf Ihre Seite zu ziehen oder ihm die Rolle des Boten oder Spions aufzudrängen. Hierdurch stürzen Sie es in schwere Qualen. Jedes Kind liebt *beide* Eltern und hat ein Recht auf sie – auch wenn es das nicht zugeben mag. Gefährlich ist es auch, das Kind zu einem vertrauten Ersatzpartner zu machen und zu einer Quelle für emotionale Unterstützung. Hierdurch ist jedes Kind hoffnungslos überfordert.

In dem preisgekrönten Bilderbuch *Papa wohnt jetzt in der Heinrichstraße* beschreibt Nele Maar einen Dialog zwischen dem weinenden Sohn und der Mutter so:

»Sie tröstete ihn und fing auch an zu weinen. Bernd sagte: ›Ich hab' so Angst, daß Papa was passiert.‹ ›Du brauchst keine Angst um Papa zu haben‹, antwortete Mama. ›Du kannst ihn ja ganz oft besuchen. Du mußt nicht denken, daß ich traurig bin, wenn du zu ihm gehst. Er bleibt doch dein Papa.‹ ›Es ist alles so anders‹, sagte Bernd. ›Für mich auch‹, sagte Mama, ›für mich auch!‹

In einem langen Prozeß, in dem das Kind auch viel Wut auf die Eltern spürt und sich allmählich auf das Leben in zwei Wohnungen einstellen muß, lernt Bernd mit der Tatsache der Scheidung zu leben.

Manchmal ist Bernd noch traurig. Dann sitzt er in seinem Zimmer und denkt nach. Er hat Papa lieb und er hat Mama lieb. Warum nur lieben sich Papa und Mama nicht mehr! Er stellt sich vor, wie seine Tür aufgeht, Papa hereinschaut und sagt: ›Kommst du? Das Essen steht schon auf dem Tisch!‹ Aber Papa und Mama sind geschieden, und Papa wohnt jetzt in der Heinrichstraße.«[6]

Eine Scheidung ist für jedes Kind schlimm. Streitende oder sich anschweigende Eltern auch. Die folgenden Regeln können Ihnen helfen, es allen leichter zu machen:

1. Ermöglichen Sie regelmäßige Kontakte zu beiden Elternteilen. Reagieren Sie nicht verletzt und aufgebracht, wenn Ihr Kind Ihren Exmann oder Ihre Exfrau besuchen möchte. Fragen Sie Ihr Kind auch nicht aus, wenn es von einem Besuch nach Hause kommt, sondern beruhigen Sie es, indem Sie ihm zeigen, daß es Ihnen gutgeht.
2. Planen Sie nach den Besuchen einen ruhigen Tag ein, an dem das Kind sich wieder auf die andere Umgebung einstellen kann. Führen Sie in Ihrem Alltag einen sicheren, vorhersehbaren Tagesablauf ein.
3. Machen Sie jeden Tag ein kleines Ritual (zum Beispiel gemeinsames Teetrinken bei Kerzenschein). Nehmen Sie sich Zeit füreinander, so daß Sie Ihrem Kind zuhören können.
4. Sprechen Sie mit den Lehrerinnen Ihres Kindes, damit es in der Schule auf Verständnis stößt.

5. Erklären Sie Ihrem Kind, daß Konzentrationsstörungen und Leistungs-
   abfall vorkommen können, und lernen Sie gemeinsam, sich zu entspannen.
6. Wenn Sie umziehen: Erlauben Sie Ihrem Kind, an der Einrichtung seines
   neuen Zimmers mitzuwirken.
7. Achten Sie auch in dieser schwierigen Zeit auf Regeln, die Sie gemeinsam aufstellen und auf deren konsequente Einhaltung Sie achten.
8. Holen Sie sich professionelle Hilfe, wenn Sie allein nicht weiterkommen.
   Sie müssen nicht alles allein durchkämpfen!
9. Erwarten Sie keine schnelle Lösung aller Probleme. Sie alle brauchen
   Zeit, den Schmerz zu verarbeiten.

Angst vor Krieg, Umweltkatastrophen und der Zukunft

Nicht nur Kinder, sondern viele Erwachsene haben berechtigte Angst vor jenen Geistern, die Menschen riefen und die sie nun nicht mehr loswerden. »Das blöde Ozonloch« (so der Titel eines Buches über Kinderängste) bedroht uns alle, genauso wie die mit Kernkraft betriebenen Anlagen aller Art, die nicht mehr schadlos aus der Welt zu schaffenden Abfälle unserer Wohlstandsgesellschaft, die Vernichtung der Natur durch Fabriken, Autos und Flugzeuge. Waffen und Giftstoffe in nie gekannten Ausmaßen reichen mehrfach aus, um das gesamte Leben auf diesem Planeten zu vernichten! Diese reale Gefahr ist aus unserem Leben nicht mehr wegzudenken, und unsere Kinder wissen oder fühlen das. Die Umweltzerstörung hinterläßt nicht nur Spuren in unserem Körper, sondern auch in unserer Seele. Und weil sich viele Erwachsene heute wie die drei Affen verhalten, die nichts sehen, hören und sagen wollen, müssen sich Kinder heute in besonderem Maß nicht nur bedroht, sondern auch im Stich gelassen fühlen.

Untersuchungen aus mehreren Ländern zeigen, daß Kinder und Jugendliche in erster Linie Angst vor der Naturzerstörung haben und die große Mehrheit wenig Chancen für eine glückliche Zukunft sieht. Wenn man sich mit Eltern unterhält, erfährt man immer wieder von Kindern, die abends im Bett liegen und weinen, weil sie mit Tieren leiden, die ausgerottet werden, sich Gedanken über den Krieg in Jugoslawien machen oder über die Zerstörung der Ozonschicht nachdenken. Sie mit einem »Du brauchst keine Angst zu haben« trösten zu wollen, wäre lächerlich. Es ist viel glaubwürdiger und tröstlicher, ehrlich zu sagen, wie es einem selbst geht und gleichzeitig zu überlegen, was man dagegen tun kann. Es ist geradezu rührend, mit welchem Eifer sich einzelne Kinder für Umweltschutz engagieren, und erschreckend, wie wenig Unterstützung sie dabei oft von der Generation ihrer Eltern, die das ja schließlich mitzuverantworten hat, bekommen. »Ich kleines Mädchen denke darüber nach und tue auch meinen Anteil zum Umweltschutz. Und die Großen, die am Hebel sitzen, die tun nichts. Ich freue mich, daß auch mal jemand uns Kindern zuhört«, zitiert Horst Eberhard Richter ein Mädchen, das an einem Schreibtischwettbewerb zum Thema: »Wie werdet ihr in einigen Jahren leben? Wie wird es aussehen in unserer Welt? Was wird besser oder schlechter sein? Freut ihr euch auf die Zeit, die jetzt noch so fern scheint, oder habt ihr Angst vor der Zukunft?« teilgenommen hat. Eine andere schreibt: »Ich muß der Mutter beibringen, daß sie ein unschädliches Waschmittel und daß sie Papiertüten zum Einkauf nimmt. Hätte ich nicht dafür gesorgt, würde sie immer noch gebleichte Kaffeefilter statt Umweltpapierfilter benutzen. Meinen Eltern ist es egal, was sie essen und ob darin irgendwelche Schadstoffe oder Chemikalien sind.«[7]

Diese Mädchen sind zwischen neun und 14 Jahre alt. Aber schon im Kindergartenalter sind insbesondere Mädchen, die sich mit den Opfern identifizieren, weil Frauen ja keine Kriege führen, im Höchstmaß beunruhigt. Zur Zeit des Golfkrieges erzählte eine Mutter: »Unsere Tochter hätte noch viel mehr Gespräche gebraucht. Sie wollte von mir wissen, ob ich zu einer Demonstration gegangen sei. Für sie wäre es besser gewesen, wenn der ganze Kindergarten zur Demonstration auf den Marktplatz der Stadt gezogen wäre. Sie wollte unbedingt, daß alle etwas täten, um den Krieg zu stoppen.«[8]

Die Verdrängung der realen Gefahr hilft Kindern nicht weiter. Sie wünschen sich Erwachsene, die sie und ihre Angst ernst nehmen und etwas dafür tun, daß Leben erhalten, Krieg verhindert und die Zerstörung, wenn irgend möglich, rückgängig gemacht wird. Wie gering auch immer Ihr Beitrag zum Umweltschutz ist: Reden Sie mit Ihrem Kind darüber! Zeigen Sie ihm, daß wir nicht ohnmächtig sind, sondern daß wir uns *hier und heute für die Zukunft engagieren können.*

Wenn Sie bisher vielleicht noch keine Möglichkeit sehen, etwas zu tun, können Sie schon jetzt ein Gespräch über derartige Ängste im Kindergarten oder in der Schule Ihres Kindes, vielleicht auch in Ihrer Kirchengemeinde, anregen. Wenn Sie erst einmal beginnen, über die Angst zu reden, werden Sie bald feststellen, daß Sie nicht allein sind und sich auch andere engagieren wollen. Es kann mit einem einfachen Projekt im Kindergarten anfangen: Tomaten pflanzen, wo vorher Betonplatten lagen, Müll konsequent vermeiden, Ameisen beschützen – was auch immer Sie tun: es macht Mut! Für Aktionen, Beobachtungen und Projekte gibt es inzwischen Hunderte von Erfahrungsberichten und Anregungen, Kinderbüchern und

Modellversuchen. Umwelterziehung soll keine Katastrophenpädagogik sein, die angst macht, sondern die Möglichkeit zu positiver Identifikation geben, das Leben zu schützen und Schönheit bewahren zu helfen.
So kann sich Angst in Stolz und Mut wenden, denn es macht Spaß, einen Schulwald zu pflanzen, Igel zu retten oder aus Abfällen Altpapier herzustellen.

> *Viele kleine Leute, die an vielen kleinen Orten viele kleine Dinge tun, können das Gesicht der Welt verändern.*

Überall dort, wo mit Kindern über ihre Ängste geredet und diese ernstgenommen werden, zeigt sich, daß dies den Kindern ausgesprochen guttut. »Viel hätten sie daraus gewonnen, daß man sie bei diesen Problemen, die anscheinend alle innerlich beschäftigten, so ernstgenommen habe. Auch die Ermutigung, sich auf den Behörden selbständig Auskünfte zu verschaffen und dort kritische Fragen zu stellen, habe Positives bewirkt. Die Kinder hätten dabei Zutrauen gefaßt, daß sie auch selber etwas tun könnten.«[9]
Ich möchte in diesem Zusammenhang noch einmal darauf eingehen, was Kindern denn nun zuzumuten ist und was nicht. Ich erwähnte im Kapitel über Kinder und Medien, daß ich die Nachrichten nicht für eine Kindersendung halte. Wenn jedoch akute Bedrohungen wie Reaktorunfälle oder Kriege vorliegen, bekommen Kinder das immer mit – auch wenn sie keine Nachrichten sehen oder hören. Überall wird ja darüber diskutiert. Außerdem fühlen Kinder ganz genau, was Erwachsene empfinden, das heißt: Wir können ihnen unsere eigene Angst nicht verheimlichen. Wenn wir sie verschweigen, machen sich Kinder ihre eigenen Phantasien – und die sind oft schlimmer als die Realität. Deshalb ist es wichtig, mit Kindern in ihrer Sprache so, daß sie es verstehen, über das zu reden, was an Bedrohung da ist, was man selber fühlt, wie man dazu steht und was man dagegen tun kann. Die Antwort muß ehrlich sein und muß zu Ihnen passen: Ob Sie beten oder demonstrieren, es gibt viele Möglichkeiten, zu handeln – nach innen und nach außen, und wir sollten unsere ganze Phantasie und die unserer Kinder benutzen, um uns kreativ für die Achtung des Lebens einzusetzen.

Das Leben achten heißt, die Schöpfung bewahren. Schon 1919 hat Albert Schweitzer dies in seiner berühmten Predigt in St. Nicolai zu Straßburg klar und deutlich formuliert: »Gut ist: Leben erhalten und fördern; schlecht ist: Leben hemmen und zerstören … Nur durch die Ethik der Ehrfurcht vor dem Leben kommen wir dazu, nicht nur mit Menschen, sondern mit aller in unserem Bereich befindlichen Kreatur in Beziehung zu stehen und mit ihrem Schicksal beschäftigt zu sein, um zu vermeiden, sie zu schädigen, und entschlossen zu sein, ihnen in ihrer Not beizustehen, soweit wir es vermögen. Klar war mir alsbald, daß diese elementare völlige Ethik eine ganz andere Tiefe, eine ganz andere Energie besitzt als die sich nur mit dem Menschen abgebende. Durch die Ethik der Ehrfurcht vor dem Leben gelangen wir in ein geistiges Verhältnis zum Universum. Die Verinnerlichung, die wir durch sie erleben, verleiht uns den Willen und die Fähigkeit, eine geistige, ethische Kultur zu schaffen, durch die wir in einer höheren Weise als der bisherigen in der Welt daheim sind und in ihr wirken. Durch die Ethik der Ehrfurcht vor dem Leben werden wir andere Menschen.«[10]

Kinder brauchen Eltern, die sich diesen Grundsätzen verpflichten, damit sie ihr *Vertrauen in das Gute* bewahren können.

Wie Eltern ihren Kindern helfen können

Gespräche: Zuhören und miteinander reden

Wenn man Statistiken glauben darf, dann reden Eltern und Kinder am Tag viel weniger als eine halbe Stunde miteinander über Dinge, die über das Alltägliche hinausgehen. Deshalb muß wohl immer wieder auf die Kunst des Zuhörens und Miteinander-Redens hingewiesen werden.

Manche Kinder sind sehr mitteilungsbedürftig, andere eher verschlossen. Bei Kindern, die gern erzählen, ist es sinnvoll, sich in der Kunst des »passiven Zuhörens« zu üben, wie Thomas Gordon das nennt. Anstatt immer gleich mit einer Stellungnahme und persönlichen Meinung herauszuplatzen, sollte sich der erwachsene Zuhörer an kleine, nicht bewertende Wörter wie »interessant«, »ich höre«, »mhm« oder »aha« halten, die das Kind zum Weitererzählen ermuntern. Sie werden auch »Türöffner« genannt. Gerade wenn Eltern etwas über Ängste und erlebte Bedrohungen erfahren wollen, ist behutsames Zu-

hören ohne Bewertung wichtig. Mit Kommentaren wie »Davor mußt du doch keine Angst haben!« wird ein Gespräch eher abgeblockt, denn ein Kind, das Angst hat, wird sich kaum verstanden fühlen.

Verschlossenen Kindern kann man mit Handpuppen oder Figuren, mit denen gemeinsam gespielt wird, helfen. Als Kätzchen oder Prinzessin, als Delphin oder Bär »getarnt«, mögen sie vielleicht mitteilen, was im Kindergarten so bedrohlich ist oder wovor sie nachts im Bett Angst haben. Wenn Sie Ihr Kind mit der Bemerkung »Wollen wir mal mit der Puppenstube (oder den Tieren oder …) spielen?« zu einem Gespräch verlocken, wird es Ihnen wahrscheinlich relativ schnell die bedrohliche Situation vorspielen. Drei bis fünf Handpuppen, auf den Bettrand gelegt, werden bald ein Gespräch anfangen und mitteilen, was sie bedrückt. Das Anteil nehmende Verständnis für die erlebte Bedrohung ist die Voraussetzung für den nächsten Schritt: Aktivitäten, die helfen, mit der Angst zu leben und sie schließlich zu überwinden.

Die Prinzessin im dunklen Wald:
Märchen und Geschichten als Helfer

In vielen Märchen und einigen Kinderbüchern geht es um Angst und deren
Überwindung. In Märchen kommt die Angst meist symbolisch vor: Als
Wald voller Gefahren, wie bei »Schneewittchen« und »Hänsel und Gretel«,
aus dem die Helden aber stets ihren Weg finden. Auch unlösbar scheinende
Probleme, wie gläserne Berge zu besteigen oder siebenköpfige Drachen
zu töten, werden durch Vertrauen und die Hilfe vieler guter Geister, Tiere
oder ungewöhnlich angstfreier Menschen immer wieder gelöst.
»Kinder brauchen Märchen«, nannte Bruno Bettelheim das Buch, in dem
er beschreibt, warum aus psychoanalytischer Sicht Märchen für Kinder so
wichtig sind. Neben den Eltern spielt für ihn das kulturelle Erbe, hier in
Form von Literatur, eine wichtige Rolle in der Erziehung. »Gerade weil
ihm seine Lebensform oft verwirrend erscheint, muß man dem Kind
Möglichkeiten geben, sich selbst in dieser komplizierten Welt zu verstehen
und dem Chaos seiner Gefühle einen Sinn abzugewinnen. Es braucht
Anregungen, wie es in seinem Inneren und danach auch in seinem Leben
Ordnung schaffen kann. Es braucht – und dies zu betonen ist in unserer
Zeit kaum notwendig – eine moralische Erziehung, die ihm unterschwellig
die Vorteile eines moralischen Verhaltens nahebringt, nicht aufgrund
abstrakter ethischer Vorstellungen, sondern dadurch, daß ihm das Richtige
greifbar vor Augen tritt und deshalb sinnvoll erscheint.«[11]
In Märchen kommen die Spannungen und Ängste so zum Ausdruck, daß
das Kind diese unbewußt versteht. So findet es unterschiedliche Beispiele,
wie Schwierigkeiten gelöst und Ängste überwunden werden können.
Märchen vermitteln dem Kind auch, daß Probleme zum Leben gehören.
Wenn man aber nicht davor zurückschreckt, sondern den unerwarteten
und oft ungerechten Bedrängnissen standhaft gegenübertritt, überwindet
man alle Hindernisse und geht schließlich als Sieger aus dem Kampf
hervor. Wenn ein Vater seinem Kind Märchen erzählt, fühlt es sich in
seinen geheimsten Sehnsüchten und schlimmsten Ängsten verstanden. Es
kann erahnen, daß Menschsein bedeutet, vor schwere Aufgaben gestellt

zu werden, aber auch wundervolle Abenteuer zu erleben.

Astrid Lindgren, die Märchen in ihrer Kindheit sehr liebte, ist in allen ihren Büchern auf Ängste und deren Überwindung eingegangen, obwohl keines Angst direkt zum Thema hat. Als Ronja Räubertochter das erste Mal allein in den Wald geht, klärt ihr Vater sie über alle dort lauernden Gefahren auf: »Und dann hütest du dich davor, dich im Wald zu verirren«, sagte Mattis. »Was tue ich, wenn ich mich im Wald verirre?« fragte Ronja. »Suchst dir den richtigen Pfad«, antwortete Mattis. »Na, dann«, sagte Ronja.

»Und dann hüte dich davor, in den Fluß zu plumpsen«, sagte Mattis. »Und was tue ich, wenn ich in den Fluß plumpse?« fragte Ronja. »Schwimmst«, sagte Mattis. »Na, dann«, sagte Ronja.[12]

Aber auch die Kinder aus Bullerbü, Michel aus Lönneberga, Pippi und die Brüder Löwenherz sind immer wieder in Gefahr, ja, sie suchen zum Teil das Kribbeln der Angst, um zitternd hindurchzugehen und das schöne Gefühl des Triumphes über die Angst zu erleben.

Wo das Gespräch steckenbleibt und Worte nicht gefunden werden, können Märchen und Literatur also helfen, aus der Sackgasse zu gelangen. Sie verdeutlichen darüber hinaus, daß Angst ein uraltes Thema der Menschheit ist, das immer wieder auf lustige, humorvolle oder ernste Weise gelöst wurde.

Fünf Finger können ganz schön stark sein
(nach einem Märchen der Gebrüder Grimm)

Das hier sind fünf Finger. (Zeigen Sie dem Kind Ihre Hand) Du Langer
(Mittelfinger), du bist doch der Größte. Und das hier (Zeigefinger), das ist
der Zeigerling (zeigen Sie auf ein paar Gegenstände) – aber das ist auch
der Schleckerling (tauchen Sie den Finger in einen imaginären Honigtopf
und schlecken ihn genüßlich ab).
Das hier (mit dem Daumen wackeln), das ist der Starke. Ohne den könntest
du ja nicht einmal eine Tasse halten. Und dies hier ist der Kleine – immer
neugierig, immer vorwitzig, aber nie ernstgenommen.
Und der hier (Ringfinger), das ist der Schönling.
Diese fünf kamen eines Tages auf die Idee, spazierenzugehen. Nur der
Starke kam nicht mit: »Ich muß zu Hause bleiben und saubermachen!«
Also zogen die vier anderen los. Zunächst kamen sie zu der schönen
Wiese, und von dort gingen sie hinunter zum Fluß. Da stand ein Boot,
und sie stiegen hinein und ruderten ans andere Ufer hin zu einer
wunderschönen Blumenwiese. Und was sahen sie da? Einen Bienenstock
mit ganz viel Honig! Vorsichtig begannen sie, von dem Honig zu schlecken,
bis hinter ihnen ein ärgerliches Brummen ertönte: »Wer schleckt da von
meinem Honig?!« Als der Bär die vier erblickte, wurde er sehr zornig und
brummte: »Ich werde euch alle vier verschlingen!« Die vier erschraken
furchtbar. Was sollten sie nur tun? Da sprach der Kleine: »Wir sind aber
gar nicht vier, wir sind fünf! Aber der dickste, der Kräftigste und der
Schmackhafteste, der ist noch zu Hause. Laß uns mal eben losgehen und
den holen. Damit du auch richtig satt wirst!« Der Bär war einverstanden,
und die vier zogen erleichtert ab. Aber oh, wie fühlten sie sich schlecht,
als sie heimwärts zogen, den Fluß überquerten und über die Wiese auf
ihr Haus zugingen! Was sollten sie nur dem Starken sagen? Traurig
schlichen sie ins Haus.
»Starker …«, begann der Schönling zögernd. »Wir sind eben über die
Wiese gegangen und über den Fluß gefahren und da …« »Ich bin groß
genug, es selbst zu erzählen!« unterbrach der Kleine. Und er erzählte
dem Starken, was vorgefallen war. »Das macht nichts«, sagte der Starke,

»ich komme mit!« So zogen sie nun zu fünft über die Wiese, hin zu dem Fluß. Sie nahmen das Boot, und wie sie auf der Blumenwiese sind, sahen sie, daß der Bär daliegt und laut schnarcht. »Paßt auf!« flüsterte der Starke, »ich leg mich jetzt bei euch rein und dann nehmen wir Anlauf … und dann laufen wir los und dann …« (Formen Sie die Hand zur Faust, und schwingen Sie diese mit Kraft nach vorn.) Der Bär brüllte auf und schrie vor Schreck und raste davon, daß man kaum so schnell hinterhersehen konnte. Die fünf aber, die zogen fröhlich nach Hause. Und was lernt man daran? Daß fünf mehr sind als vier. Und der Kleinste ist nicht immer der Dümmste!

Das Ferkel und der böse Wolf

Ein Ferkel hatte sich ein Haus gebaut. Als es Winter wurde, war der Wolf hungrig und wollte es fressen. Er lief zum Haus des Ferkels und schrie: »Ferkel, mach mir auf!« »Nein!« rief das Ferkel, »ich lasse keinen rein!« Der Wolf aber gab keine Ruhe und bat und bettelte, schrie und tobte. Schließlich wollte er die Tür einrammen, und das Ferkel dachte: »Wenn ich jetzt nichts unternehme, kommt er allein rein.« Das Ferkel beschloß, die Tür einen Spalt breit zu öffnen und die Kette vorzulegen. Der Wolf schob sofort seine Vorderpfoten rein, konnte aber nicht hineingelangen. Das Ferkel stellte unterdessen einen Kessel mit Wasser auf den Herd. Als es anfing zu kochen, nahm das Ferkel den Kessel und goß das kochende Wasser dem Wolf über die Pfoten. Der Wolf brüllte entsetzlich und raste davon.
Aber am nächsten Tag kam er wieder und brachte ganz viele böse Wölfe mit. Die schrien und brüllten und rüttelten am Haus, so daß das Ferkel fliehen mußte. Schnell öffnete es ein Fenster, sprang hinaus und lief in den Wald. Die Wölfe merkten das und rasten hinterher. Und weil Ferkel auf Bäume klettern konnte, Wölfe aber nicht, kletterte das Ferkel ganz hoch auf einen Baum. Unten standen die Wölfe wütend und heulten. Dann hatte der böse Wolf eine Idee. Er sagte zu den anderen Wölfen: »Ihr stellt euch jetzt einer nach dem andern auf mich drauf, bis wir einen

so hohen Turm bilden, daß wir das Ferkel runterholen können.« Einer kletterte über den anderen, und der oberste erreichte schon fast das arme Ferkel. Das schrie: »Ein Glück, daß ich mein kochendes Wasser dabeihabe!« Der Wolf, der ganz unten stand, hörte das und bekam einen solchen Schreck, daß er davonraste. Die anderen purzelten alle durcheinander, gerieten in Panik und rannten in alle Richtungen davon. Nie wieder wurden sie in Ferkels Wald gesehen!

Malen und Gestalten

Kinder greifen oft spontan zu Stiften oder Pinseln, um das zu malen, was
sie gerade beschäftigt und bewegt. Papier und Malutensilien, Knete und
Ton sollten daher in keiner Familie fehlen und so aufbewahrt sein, daß
die Kinder jederzeit dran können.
Wenn Kinder große Ängste haben, werden sie diese früher oder später
auch in ihren Zeichnungen ausdrücken und so auf ihre Probleme hinweisen. Angst drückt sich in Bildern durch düstere Farben und erschreckende
Szenen, häufig auch durch schwarze Wolken aus. Wenn Ihr Kind dagegen
vorwiegend gelbe Sonnen und Häuser, lachende Gesichter und Tiere malt,
wie Kinder das ab etwa vier Jahren üblicherweise tun, können Sie beruhigt
sein, dann   ist die Welt Ihres Kindes in Ordnung.

Malen ist – genauso wie Spielen – eine wunderbare Möglichkeit für Kinder, sich mit ihrer Umgebung auseinanderzusetzen und mit Schwierigkeiten fertig zu werden.

Auf dem Papier oder im Umgang mit Knete und Ton lassen sich Ängste symbolisch bewältigen. Tonmonster oder Tonmenschen lassen sich zerquetschen und breitschlagen, auf dem Papier kann man Kämpfe austragen und Blut fließen lassen, ohne daß es jemandem wirklich weh tut.

Deshalb sollten Eltern diese Bilder nicht bewerten, sondern sie interessiert betrachten und auch nachfragen, wenn sie etwas nicht verstehen. Kinder fühlen sich dann ernstgenommen, aber nicht bloßgestellt, eine wichtige Voraussetzung, um über Ängste sprechen zu können.

Sehr gut läßt sich das Geschichtenerzählen auch mit Malen und Gestalten verbinden.

In der folgenden Phantasiereise geht es um die Anfertigung eines Schildes, das einen vor bösen Mächten und schlechten Einflüssen schützen soll und das einem Macht verleiht, über der Angst zu stehen. Das Schild kann – ähnlich wie das Schild eines Ritters – aus Pappe angefertigt werden.

Ein Schild, das mich schützt und mir Macht über meine Angst verleihen kann (ab 8 Jahre)

Setz oder leg dich bequem hin und schließe die Augen. Achte auf deinen Atem, wie er kommt und geht, und mach es dir wirklich gemütlich. Und während du so auf deinen Atem achtest, kannst du anfangen, dich auf einen Punkt zwischen deinen Augen zu konzentrieren, der auch das dritte Auge genannt wird. Von diesem Punkt kann man lernen, mit dem Herzen zu sehen. Und nun kannst du dir vorstellen, daß sich an dieser Stelle ein Kreis befindet, der allmählich immer größer wird. Und während du weiteratmest, wächst dieser Kreis immer mehr und wird langsam größer und größer, bis du und der Kreis eins sind. Und jetzt kannst du dir deine Träume vorstellen, sie sehen oder fühlen. Du kannst deine besonderen Fähigkeiten träumen, die du haben wirst, oder wie du dich deinen Freunden oder der Natur gegenüber verhalten wirst. Vielleicht siehst du auch besondere Symbole, Tiere oder Dinge, die du aus anderen Träumen kennst. Du kannst an alles denken, was dir ein gutes Gefühl macht.

(eine Minute Pause)

Und jetzt siehst oder fühlst du deine Ängste. Es können große oder kleine Ängste sein, die du von diesem sicheren Ort anschauen und vielleicht auf überraschende Weise überwinden kannst.

(eine Minute Pause)

Und nun schau wieder auf deine Fähigkeiten und deine Träume und lerne von den Bildern, die du vor dir siehst.

(eine Minute Pause)

Und nun darfst du dir deine Wünsche ansehen oder sie fühlen. Diese Wünsche können sich auf Dinge beziehen, die du haben willst, oder auf etwas, was du sein oder werden willst. Was immer du dir wünschst, es soll für dich heilsam sein und für den Planeten, auf dem wir leben.

(eine Minute Pause)

Und jetzt zähle in deinem eigenen Tempo von zehn an rückwärts, und wenn du bei null angelangt bist, dann öffne wieder die Augen und komme hierher zurück, erfrischt und wach …

Du kannst dich jetzt an all die Symbole, Träume, Ängste, Fähigkeiten und Wünsche erinnern, die du gesehen hast. Und mit diesen Zeichen kannst du dir dann dein eigenes Schutzschild anfertigen.

Das Malen von Mandalas

Mandalas sind kreisförmige Zeichen, die einen geistigen Inhalt symbolisieren, jedoch auch in der Natur in Blumen, Schneeflocken, Spiralnebel u.ä. vorkommen. Wie alles Leben aus einem Mittelpunkt, einer Zelle oder einem Samen entsteht, so ist auch ein Punkt in der Mitte der Ausgangspunkt des Mandalas. Menschen aller Kulturen der Welt haben sich Mandalas geschaffen, um ihren Geist zu beruhigen oder die eigene Mitte zu finden. Wir finden sie in Kirchen, Moscheen und Synagogen, auf Schilden und in Klöstern. Man kann Fenster als Mandalas gestalten (Kirchenfenster der Gotik), sie aus Sand rieseln oder mit Steinen legen. In letzter Zeit sind Mandala-Malblöcke sehr beliebt geworden. Hier können Kinder und Erwachsene vorgegebene Muster farbig ausmalen, was sehr viel Freude bereitet und entspannend wirkt, besonders wenn man dabei eine schöne, ruhige Musik hört und vereinbart, eine Zeitlang nicht zu sprechen.

Gerade Kinder und Erwachsene, die Angst davor haben, sich auszudrücken, oder die bisher wenig Erfolgserlebnisse hatten, mögen vorgefertigte Mandalas – denn sie werden immer schön und sind doch individuell. Ich persönlich ziehe es vor, Mandalas selber anzufertigen, allerdings nur dann, wenn das Kind nicht über angebliche Unvollkommenheit oder »schlechtes« Malen ärgerlich wird. Mandalas sollten nämlich niemals bewertet werden, da sie aus der Mitte entstehen und so sind, wie sie sind: Bilder unseres Inneren, Zeichen aus dem Unbewußten. Sie können uns helfen, unsere Ängste zu verstehen, können aber auch Kraft und Mut geben.

Zum freien Malen benötigt man quadratische oder runde Papierformate, Wasser- oder Wachsfarben, Kreide oder Buntstifte. Schon im Kindergartenalter kann man anfangen, Mandalas mit Naturmaterialien (Blüten, Steine, Früchte) legen zu lassen oder auch zu malen. Die einzige Vorgabe lautet: Kreis oder Punkt.

Die folgende Phantasiereise ist für Kinder ab acht Jahren gedacht und hilft, die Bedeutung von Mandalas zu verstehen.

Mandala

Setz oder leg dich bequem hin und schließe, wenn du magst, die Augen. Allmählich kannst du beginnen, auf deinen Atem zu achten. Mit jedem Ausatmen kannst du alle Anspannung aus deinem Körper lassen. Und wenn du es dir wirklich bequem gemacht hast, kannst du beginnen, dich auf den Punkt in der Mitte deiner Stirn zwischen den Augen zu konzentrieren. Du kannst dir an dieser Stelle einen Kreis vorstellen, der allmählich größer wird.

Und während du ruhig weiteratmest, wächst dieser Kreis und wird immer größer und größer, bis du eins bist mit dem Kreis.

(eine Minute Pause)

Und du kannst dir vorstellen, daß dieser Kreis noch größer wird und jeden in diesem Raum hier einschließt.

(kurze Pause)

Und während du weiteratmest, wird der Kreis noch größer und schließt alle deine Freunde und alle Häuser und schließlich die ganze Welt ein.

(eine Minute Pause)

Und mit jedem Atemzug wird dieser Kreis noch größer, so daß schließlich das ganze Universum in diesem Kreis ist. Und mit jedem Atemzug, den du machst, bist du eins mit dem Universum, und du schließt alles ein mit deiner Energie und deinem Geist und deiner Liebe.

(eine Minute Pause)

Und du atmest weiter in deinem Kreis und kannst dir vorstellen, daß du das Mandala bist, der Mittelpunkt des Universums und gleichzeitig das Universum selbst.

(eine Minute Pause)

Und wenn du bereit bist, dann zähle in deinem eigenen Tempo von zehn an rückwärts, und wenn du bei null angekommen bist, dann öffne allmählich deine Augen und komme hierher in den Raum zurück. Nimm dir ein Blatt Papier, mach es dir bequem und benutze die verschiedenen Farben, um ein Mandala zu zeichnen und bewahre dabei das Gefühl, daß du eins bist mit dem Universum.

Mit allen Sinnen:
Wahrnehmungsübungen und Sinnesschulung

Wer mit geschärften Sinnen durch die Welt geht und ein gutes Gefühl für den eigenen Körper hat, kann sich Auseinandersetzungen stellen und der Gefahr ins Auge blicken. Ängstliche Menschen schränken ihre Aufmerksamkeit auf die Angst oder das scheinbar nicht zu Bewältigende ein – deshalb ist es immer gut, das Gesichtsfeld zu erweitern, die natürliche Neugier zu aktivieren und die Wahrnehmung zu schulen. Auf diese Weise lernt man dann auch, im Nachtwind flatternde Wäsche von Gespenstern zu unterscheiden und das Knacken von Holzmöbeln als nichts anderes als deren natürliche Ausdehnung zu erfahren.

Im folgenden habe ich einige Übungen aufgelistet, die helfen, die Sinne zu schulen und die Wahrnehmungsfähigkeit zu aktivieren.

Spiele mit Farben

Die wunderbaren Seidentücher (ab 4 Jahre)
Geben Sie dem Kind Baumwoll- oder Seidentücher in den Farben gelb, orange, rot, lila, blau, grün. Lassen Sie das Kind das Tuch mit seiner Lieblingsfarbe heraussuchen.
Warum ist diese Farbe so schön?
Was hat alles diese Farbe (Blumen, Gegenstände, Tiere)?
Was wünsche ich mir in dieser Farbe?
Welche Farbe mag ich gar nicht? Warum?
Welche Farbe könnte mir gegen meine Angst helfen?
Welche Gegenstände, Blumen oder Tiere haben diese Farbe?
Wie kann ich sie finden?

Lassen Sie das Kind ein Tuch auswählen, das es in die Hand nimmt oder sich auf den Kopf legt. Setzen Sie sich nun beide still und bequem hin.

Das Kind kann sich nun vorstellen, daß es die Farbe einatmet und wieder ausatmet. Beim Ausatmen strömt die Farbe aus dem Bauchnabel, so daß es nach einer Weile ganz in eine Wolke dieser Farbe eingehüllt ist. Während es weiter auf seinen Atem und die Wohltat der Farbe achtet, kann es sich noch bequemer hinsetzen und die Farbe einfach nur genießen. Und vielleicht will diese Farbe auch etwas erzählen oder ein Lied vorsingen …, und wenn es der Farbe lange genug zugehört hat, kommt es wieder zurück in den Raum, bewegt Hände und Füße und wird wieder ganz wach und frisch.

Dialog der Farben (ab 5 Jahre)
Was würden die Farben wohl sagen, wenn sie sich miteinander unterhalten?
»Ich bin das Gelb. Ich bin die Farbe der Sonne …«

Farben beobachten (ab 4 Jahre)
Geben Sie dem Kind ein großes Blatt Papier, das mit einem Schwamm angefeuchtet wird. Mit einem dicken Pinsel oder den Fingern setzt es nun Wasserfarbenkleckse hinein und beobachtet, was passiert und wie die Farben miteinander umgehen.

Kaleidoskop (ab 6 Jahre)
Im Spielwarenhandel gibt es Kaleidoskope zum Selbermachen. Hier kann
das Kind beobachten, wie sich einfache Glasteilchen oder farbige, durch-
sichtige Plastikschnipsel durch einen dreifachen Spiegel zu wunderbaren
Mustern fügen.

Spiele mit Klängen, Geräuschen und Musik

Geräusche hören (ab 3 Jahre)
Öffnen Sie an einem warmen Sommertag das Fenster, oder gehen Sie mit
dem Kind an einen schönen Platz in der Natur. Es schließt die Augen
und formt eine Hand zu einer lockeren Faust. Immer, wenn es ein Geräusch
hört, streckt es einen Finger aus. Was gibt es alles zu hören?

Wie viele Geräusche kann Wasser machen? (ab 4 Jahre)
Hier gibt es viel auszuprobieren. Mit Schüssel und Becher können Kinder
die Natur belauschen (Fluß, Meer, Wasserfall, Regen,
Gewitter etc.). Sie können auch ein fertiges Spiel mit
Fotokarten und Kassette kaufen.[13]

Musik, die mich stark macht (ab 5 Jahre)
Wählen Sie unter Liedern, Musikstücken oder Eigenkom-
positionen die aus, von denen das Kind sagt, daß sie
stark machen. Das könnte zum Beispiel eine Zirkusmusik
sein, vielleicht aber auch etwas ganz anderes. Auf
Orff-Instrumenten, Klavier oder anderen Instrumenten
(auch Trommeln) läßt sich solche »Kraft-Musik« auch
improvisieren.

Das Meer in der Muschel (ab 3 Jahre)
Geben Sie dem Kind zwei große Muscheln, die es über
die Ohren legt. Es lauscht dem Meer oder dem, was die
Muschel erzählt.

Luft und Windgeräusche (ab 4 Jahre)
Welche Geräusche kann man mit Luft und Wind machen oder nachmachen? Welche Geräusche macht der Atem, der uns Lebenskraft gibt?

Fühlen, Tasten und Berühren

Fühl doch mal (ab 3 Jahre)
Das Kind schließt die Augen. Sie geben ihm einen natürlichen Gegenstand in die Hand (Schneckenhaus, Stein, Buchecker u.a.). Wie fühlt sich das an? Was ist das? Was will es dir mitteilen? Was verändert sich, wenn du die Augen öffnest und jetzt auf den Gegenstand schaust?

Was ist da im Karton? (ab 4 Jahre)
In einen großen Schuhkarton wird ein Loch geschnitten, so daß man hineingreifen, aber nicht hineinsehen kann. In den Karton werden nun sehr verschiedene Dinge gelegt (großer Nagel, Schwamm, Stein, Hagebutte, Seife), die das Kind befühlt.

Was der Apfel erzählt (ab 5 Jahre)
Das Kind erhält einen Apfel, den es in seine Handfläche legt. Es befühlt nun den Apfel mit geschlossenen Augen und versucht dabei herauszufinden, welche Geschichte der Apfel erzählt. Diese Übung läßt sich mit jedem natürlichen Gegenstand durchführen. In Schulklassen können die Kinder diese Geschichte aufschreiben.

Fühllabyrinth (ab 3 Jahre)
Eltern bauen gemeinsam mit Erziehern ein Fühllabyrinth, in dem sich die Kinder in Spiralform auf eine Mitte hinbewegen und die Wände des Ganges befühlen können. Dort werden Fell, Muscheln, Spiegel, Metall, Holz, Keramikfliesen usw. angebracht.

Wer ist das? (ab 4 Jahre)
Mehrere Kinder sitzen mit verbundenen Augen im Kreis. Der (sehende) Spielleiter führt ein Kind leise von seinem Stuhl weg auf den Schoß eines Kindes. Dieses fühlt nun und tastet nach dem Sitzenden, um herauszufinden, wer auf seinem Schoß sitzt. Umgekehrt geht's auch!

Geheimschrift (ab 5 Jahre)
Je zwei Kinder schreiben sich gegenseitig mit dem Finger Zahlen oder Buchstaben auf den Rücken.

Wetterbericht (ab 5 Jahre)
Die Kinder sitzen im Kreis oder in einer Schlange hintereinander, so daß sie jeweils den Rücken der vor ihnen Sitzenden berühren können. Die Erzieherin/Lehrerin oder Mutter (auch mit einem Kind!) erzählt nun vom Wetter eine Geschichte und gibt vorher die entsprechenden Berührungen an, zum Beispiel bei

Regen:	sanft mit dem Finger pieken
Blitz:	Zickzack über den Rücken
Wassermassen:	mit der Hand von oben nach unten streichen
Sonne:	beide Hände sanft auf die Haare legen

Sanfte Massagen der Haut sollten in einer warmen, intimen Atomsphäre durchgeführt werden. Vor dem Einschlafen sind sie ein wunderbarer Trost für verängstigte Kinder.
Massagen sind ein Geschenk und sollten immer freiwillig geschehen. Der Raum muß warm sein, ruhige Musik und Kerzenlicht sorgen für eine entspannte Atmosphäre. Geben Sie auf einen Teelöffel reines Pflanzenöl (z.B. Mandelöl) einen Tropfen ätherisches Lavendel-, Rosen- oder Kamillenöl. Verreiben Sie diese Mischung zwischen Ihren Händen, bis sich das Öl erwärmt hat, und führen Sie dann sanfte Bewegungen ohne starken Druck (siehe Abbildung S. 84) aus.

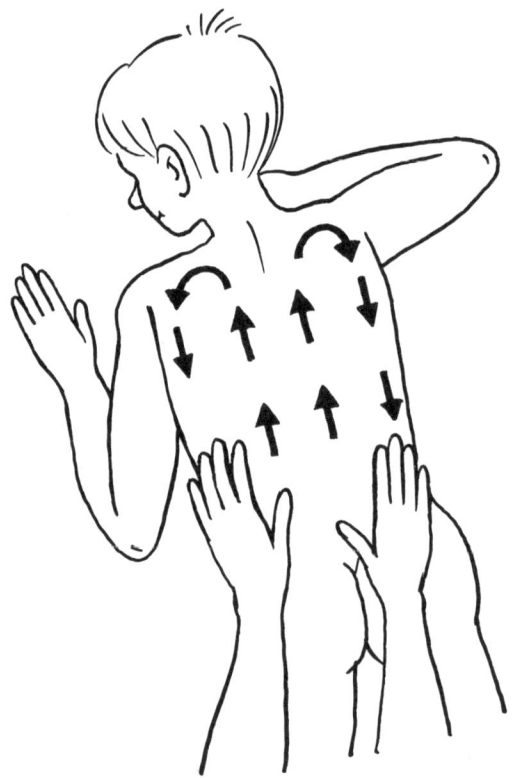

Rücken-Massage
Mit beiden Händen gleichzeitig und mit entspannten Fingern rechts und links neben der Wirbelsäule nach oben gleiten und über die Schultern zurück nach unten bewegen. Machen Sie langsame Bewegungen, ohne Druck. Sie können, wenn Sie ohne Druck arbeiten, jede andere beliebige Streichelbewegung ausführen, die Ihr Kind mag, und werden sicherlich bald herausfinden, was besonders gut wirkt.

Riechübungen

In der Regel haben Kinder einen besseren Geruchssinn als Erwachsene und sind daher auch empfindlich, wenn ihnen etwas »stinkt«. Bei Erwachsenen und möglicherweise auch bei Kindern kann es vorkommen, daß bestimmte Gerüche ausgeblendet, das heißt nicht wahrgenommen werden. Das kann manchmal die Spur zu einem verborgenen Problem sein.

Welchen Geruch magst du? (ab 3 Jahre)
Legen Sie verschiedene Substanzen, die riechen, auf Deckel von Schraubgläsern, zum Beispiel Zahnpasta, Creme, Seife, Vanillezucker, Wachs usw. Welchen Geruch magst du? Warum? Woran erinnert dich das?

Geruchsmemory (ab 4 Jahre)
In mehrere gleich große Fläschchen oder Gläser wird ein wenig Watte gelegt. In jeweils zwei Fläschchen wird nun je ein Tropfen desselben ätherischen Öls gegeben. Die Fläschchen werden verschraubt. Der Nase nach werden jetzt Paare gebildet. Folgende ätherische Öle eignen sich: Lavendel, Zeder, Mandarine, Ylang-Ylang, Douglasie, Grapefruit, Zitrone und Orange. Man könnte die Kinder auch raten lassen, welche Düfte von einem Baum (Douglasie-Zeder), welche von einer Blüte (Lavendel, Ylang-Ylang) und welche von Früchten stammen.

Immer der Nase nach! (ab 3 Jahre)
Im Raum wird ein Wattebausch mit einigen Tropfen ätherischen Öls getränkt. Das Kind oder die Kinder suchen ihn, indem sie »immer der Nase nach« gehen.

Wie schmeckt denn das? (ab 3 Jahre)
Was süß ist, wissen heute alle Kinder. Bitter ist jedoch eine Geschmacks-richtung, die viele nicht kennen, genausowenig wie sauer oder scharf. Mit verbundenen Augen ganz bewußt zu schmecken, ist nicht nur für Kinder ein Erlebnis. In der Zeit des »Fast food« haben wir es alle mehr oder weniger verlernt. Wie schmeckt eine einzelne Rosine? Und wie ändert sich ihr Geschmack, wenn wir sie länger als gewöhnlich im Mund behalten?
Folgende Pflanzenteile schmecken besonders interessant:
   Zitronenfruchtfleisch (sauer)
   Zitronenschale (ungespritzt!): bitter, aromatisch
   Löwenzahnblatt (manchmal bitter)
   Chicorée (besonders im unteren Teil oft bitter)
   Paprika in verschiedenen Farben (süß bis herb)
   Peperoni (scharf)
   verschiedene Getreideflocken (werden durch Kauen süßer)
   frische Pfefferminze (scharf, aromatisch)
   u.a.

Innere Bilder und Phantasiereisen

Viele Kinder haben eine ausgeprägte Phantasie und starke Vorstellungskraft. Deshalb machen ihnen bestimmte Bilder, die sie vor ihrem inneren Auge sehen, angst. Aber auch das Gegenteil ist möglich: Angenehme Bilder und Vorstellungen können ihnen helfen, Angst abzubauen.

Bei größeren Kindern kann man mit den Begriffen »inneres Video« oder »innerer Fernseher« arbeiten. Kleineren kann man von einem »inneren Bilderbuch« oder Fotoalbum erzählen. Meistens genügt es jedoch, einfach zu erzählen:

Stell dir einmal vor, du bist auf einer schönen Wiese ...

Kannst du die Wiese vor dir sehen?

Beginnen Sie zunächst mit ganz kurzen Vorgaben, und weiten Sie diese zu kleinen Phantasiereisen aus, wenn Sie merken, daß sich das Kind entspannt und gut mitgeht.

Führen Sie solche Übungen prinzipiell nur durch, wenn Sie bei dem Kind eine innere Bereitschaft spüren, und wenn es innerlich schon zur Ruhe gekommen ist.

Krafttier (ab 8 Jahre)

Mach es dir ganz bequem, und achte auf deinen Atem, der dir mit jedem Einatmen Lebenskraft schenkt. Vielleicht hast du auch schon einmal davon gehört, daß Indianer Tiere als ihre Brüder bezeichnen. Sie können ihnen helfen und Kraft verleihen. Und vielleicht magst auch du dir so ein Krafttier vorstellen, das zu dir kommt, um dich zu schützen und dir zu helfen, wenn du es brauchst. Und wenn du die Augen schließt, kannst du vor deinem inneren Auge so ein freundliches Tier sehen, zuerst vielleicht noch verschwommen, mit der Zeit aber immer klarer: dein Krafttier. Und du kannst es begrüßen und ihm sagen, was du dir von ihm wünschst. (Beobachten Sie das Kind aufmerksam. Wenn Sie Angst oder Unwillen entdecken, sagen Sie ihm, daß es das Tier jederzeit wegschicken kann; von drei an rückwärts zählen und die Augen wieder öffnen.)

Hoch hinaus (ab 5 Jahre)
Stell dir mal vor, du kannst fliegen. Und du schwebst hoch hinaus, durch
die frische Luft nach oben. Du fliegst am Himmel, elegant und leicht.
Schon bist du über die Stadt hinweggeflogen, die Sonne scheint, und
wenn du magst, kannst du durch die Wolken fliegen, die dich wie sanfter,
weißer Nebel umgeben können. Glücklich und ruhig fliegst du dahin …
Und wenn du magst, dann tauchst du durch die Wolken hindurch hinab
auf die Erde, und du kannst dir aussuchen, wo du sicher und gekonnt
wieder landen möchtest.

Delphin (ab 5 Jahre)
Du gehst an einem sonnig warmen Tag am Meer entlang. Der Sand unter
deinen Füßen ist weich und warm. Das klare, blau schimmernde Wasser
umspielt deine Füße, und du bekommst Lust, hineinzulaufen. Dein Herz
hüpft vor Freude, als das Wasser durchsichtig aufspritzt und du dich sanft
hineingleiten läßt. Und nach einer Weile triffst du deinen Freund, den
Delphin. Er ist genauso lustig wie du. Wenn du Lust hast, darfst du auch
heute wieder auf ihm reiten. Der Delphin spielt mit dir und hilft dir, wann
immer du willst. Und wenn du genug hast, verabschiedest du dich von
deinem Delphin. Vielleicht magst du dich zuvor noch zu einem neuen

Treffen verabreden? Und dann läufst du aus dem Wasser über den sonnigen Strand hierher zurück ... und bist wieder ganz hier, erfrischt und wach.

Bei allen Phantasiereisen oder Vorstellungsübungen ist es am sinnvollsten, sich auf solche Bilder zu beziehen, die das Kind bereits in sich hat. Wenn es sich zum Beispiel vor einem schwarzen Monster fürchtet, könnte eine weiße Fee kommen und das Monster verzaubern, oder wenn etwas Böses befürchtet wird, gibt es immer das Gute, das letztlich siegt. Kleine Mäuse können große Löwen befreien und mit ihnen Freundschaft schließen, Riesen können dumm und Zwerge schlau sein, und keine Situation ist so verzwickt, als daß es nicht eine listig-lustige Lösung gäbe.

Unter dem Sternenhimmel

Die Geborgenheit, die ein Kind durch seine Eltern erleben kann, ist »das vollkommene Land der Seligen«, wie Joseph Campbell das nennt. »Wenn wir die Erde und das gesamte Universum als unsere Mutter erleben, überträgt sich dies in den größeren Bereich der Erfahrung der Erwachsenen. Sobald wir uns mit dem Universum ebenso umfassend und natürlich verbunden fühlen wie das Kind mit der Mutter, befinden wir uns in vollkommener Harmonie, in Einklang mit dem Universum.«[14]
In diesem Zustand gibt es keine Angst, denn wir können uns – Eltern wie Kinder – in einem großen Ganzen geborgen fühlen. Kinder sind sehr aufgeschlossen für alles, was man ihnen über die Natur erzählt. Fast alle Kinder lieben Pflanzen und Tiere und fühlen sich ihnen nah und verbunden. Es ist fast, als würden sie diese Verbindung zu allen Geschöpfen des Planeten intuitiv spüren. Dies ist eine sehr beruhigende Erfahrung. Der Kreislauf von Geburt und Tod, von Werden und Vergehen, von Fressen und Gefressenwerden ist ein ewiger, und bei allem Leid liegt hierin doch der große Trost, daß hinter diesem Fluß des Lebens eine Energie steht, die größer ist als wir, eine Macht der Liebe.
Niemand, der sich je mit dem Evolutionsprozeß und der Schöpfung beschäftigt hat, kann davon unberührt bleiben. Ein Wunder kann man nur bestaunen. Wenn wir Kinder daran teilhaben lassen, indem wir sie nicht an ihrem natürlichen Zugang zu ihren Mitgeschöpfen hindern, können sie beobachten, welche Kräfte hier am Wirken sind. Sie können mitwirken und das Leben achten und in diesem Prozeß auch ihre Angst verlieren. Wer je mit Kindern Bohnenpflanzen gezogen oder Ameisen beobachtet hat, weiß, wieviel Glück hieraus entsteht und wieviel Eifer aufgebracht wird. Gerade ängstliche Kinder sollten viel in der Natur tun dürfen, sollten den Sternenhimmel bestaunen können, aber auch die Kraft, die aus einer winzigen Kugel einen riesigen Lindenbaum wachsen läßt.
In Märchen und Geschichten, die von der Natur handeln, kommen immer wieder gute Geister und Wesen vor, die bereit sind, den Menschen in ihrer Not zu helfen, wenn diese ihrerseits bereit sind, etwas für sie zu

tun. Der Geist in der Flasche, Bäume, graue Männchen, Zwerge, Feen, Tiere aller Art und Engel sind bereit, Menschen bei ihren schwierigen, ja oft unlösbar erscheinenden Lebensaufgaben zu helfen und ihnen mit ihren besonderen Fähigkeiten zur Seite zu stehen. Es kann wohl kaum einen größeren Trost für Kinder und Erwachsene geben, als diesen Kräften zu trauen und sich ihnen anzuvertrauen. Auch Skeptiker, die sich mit moderner Naturwissenschaft beschäftigen, werden bald staunend erfahren, daß es durchaus diese von allen Naturvölkern zwar unterschiedlich beschriebenen, aber dennoch sehr ähnlichen Kräfte gibt, die als Energieströme weit mehr bewirken, als wir mit unserem begrenzten Verstand zur Zeit erfassen können.

Deshalb halte ich es für wichtig, Kindern von diesen Kräften, Wesen oder Energien zu erzählen und ihre in Mythen und Märchen festgehaltene Symbolgestalt zu beschreiben, so wie dies alle Naturvölker immer getan haben und bis heute tun.

Kinder werden sich dann niemals ganz allein und verlassen fühlen, denn das Göttliche, Beschützende wirkt überall und ist für die, die offen dafür sind, auch überall spürbar. Die Idee des Schutzengels kann Kindern immer wieder verdeutlichen, daß wir etwas als »Glück« bezeichnen können, aber auch als Beweis für das Wirken von Schutzengeln. Wenn der Stock eines Klassenkameraden knapp unter dem Auge trifft, wenn der Linksabbieger an der grünen Ampel kurz vor dem Kleinkind doch noch bremst, dann haben Schutzengel geholfen. Und wenn auch nicht alle Geschichten gut ausgehen und das Leid nicht von der Erde verschwindet, kann sich doch jedes Kind in dem Glauben an schützende und behütende Kräfte sicher und geborgen fühlen. Selbst der Tod und die Tragik des Lebens werden begreifbar, wenn wir an höhere Mächte glauben, die Sinn geben, wo wir keinen mehr erkennen können. Nicht nur in 3-D-Bildern liegt das Unsichtbare hinter dem Sichtbaren verborgen und kann schließlich doch entdeckt werden.

Glaube wurde lange als Geschenk betrachtet, und sicherlich ist er das auch. Daß gerade heute Naturwissenschaftler zum Glauben zurückfinden, weil das Staunen so groß ist, hängt nicht nur mit der Aufhebung des Gegensatzes von Materie und Geist zusammen, sondern auch mit dem Respekt vor der Schöpfung, deren Entwicklungsprozeß bis heute nicht abgeschlossen ist. Die Weisheit der Völker und das Wissen von heute geben sich hier die Hand.

Kindern muß man diese Zusammenhänge nicht einmal erklären, sie wissen intuitiv davon, wenn Erwachsene ihnen dieses Wissen nicht ausgetrieben haben, indem sie Phantasie und Vorstellungskraft beschnitten.

Rituale gegen die Angst

Rituale sind Handlungsabläufe, die auf eine bestimmte, immer wieder-
kehrende Art und Weise durchgeführt werden. Sie laufen in einer bestimmten Reihenfolge ab, sind mit Musik, Symbolen, Düften u.ä. unterlegt
und sprechen vor allem die Gefühle an. Oft gehören auch Kostüme,
Masken, Farben, bestimmte Gerichte, Getränke, Tänze und Requisiten
dazu.
Hochzeiten und Beerdigungen, Fasching und Geburtstag sind auch bei
uns durch Rituale gekennzeichnet. Auch Familien schaffen mehr oder
weniger bewußt Alltagsrituale, die das Zusammenleben erleichtern und
Kindern Sicherheit geben. So gibt es zum Beispiel in den meisten Familien
ein Ritual für den Ablauf des Heiligen Abends, ein Zu-Bett-geh-Ritual, ein
Sonntagmorgen-Frühstücks-Ritual u.a. Das Singen im dunklen Keller oder
das Aufsagen von Versen, das Befestigen von Glückssymbolen oder das
Tragen von Amuletten kann als Teil eines Rituals gegen Angst verstanden
werden. Oft erfinden Kinder auch besondere Spiele, zum Beispiel nicht
auf Ritzen treten oder den Boden nicht berühren, um sich vor »Gefahr«
zu schützen – ein spielerischer Umgang mit der Angst.
Ein spezielles Ritual gegen Angst muß zu den Eltern und dem Kind passen
und kann nur dann wirken, wenn es stimmig und verständlich ist und
nicht fremd, albern oder aufgesetzt wirkt. Daher ist es sinnvoll, daß sich
Familien eigene Rituale schaffen, die zu ihrer Weltanschauung und Religion
passen und im Bereich ihrer Möglichkeiten und Fähigkeiten liegen. Be-
standteile eines solchen Rituals könnten sein:

> Ein Mandala malen
> Eine Kerze anzünden
> Eine Duftlampe anzünden
> Ein Lied singen
> Ein Gebet sprechen
> Eine Geschichte erzählen
> Eine bestimmte Meditation

Eine Phantasiereise machen
Eine liebevolle Massage
Yogaübungen
Gemeinsames Versorgen von Tieren und/oder Pflanzen

Die früher üblichen Morgen- und Abendandachten, die Rituale der Jahreszeitenfeste und andere Sitten und Bräuche haben Kindern früherer Zeiten viel Sicherheit und Geborgenheit gegeben. In unserer hektischen, angstvollen und würdelosen Zeit wieder Inseln der Geborgenheit zu schaffen, wie das in Kindergärten, Waldorfschulen, Peter-Petersen-Schulen oder anderen Modellen vielfach schon gelingt, das könnten sich Familien oder Gemeinschaften zur Aufgabe machen.

Körperübungen gegen Ängste

Das Wort Angst kommt von Enge (angustiae) und macht deutlich, daß Angst in Gedanken und Gefühlen, aber auch im Körper erfahren wird. Folglich läßt sich der Angst auch auf körperlicher Ebene begegnen.

Atem, in Sanskrit auch Prana – Lebenskraft – genannt, ist eine wichtige Stütze gegen die Angst. Wer sich darin übt, in als bedrohlich erlebten Situationen ruhig und tief in den Bauch hineinzuatmen und dabei innerlich Worte zu sprechen – zum Beispiel beim Einatmen Liebe und beim Ausatmen Vertrauen –, wird sich bald beruhigen und sammeln.

Sie und Ihr Kind können sich auch andere geeignete Worte vornehmen und mit diesen experimentieren, zum Beispiel:

> Beim Einatmen: Mut
> Beim Ausatmen: komm
> Oder:
> Beim Einatmen: Bär (oder Name eines anderen Krafttiers)
> Beim Ausatmen: hilf

Hilfreich sind aber auch die folgenden Übungen:

Baum-Übung
Das Kind stellt sich vor, es sei ein starker Baum, der mit den Wurzeln (Füßen) fest in der Erde verankert ist. Sturm kommt auf und schaukelt den Baum sanft hin und her: beim Einatmen nach vorn, beim Ausatmen zurück. So bläst der Sturm kräftig, aber der Baum steht fest und schaukelt nur sanft vor und zurück.

Farb-Übung
Atme die Farbe ein, die dich stärkt und befreit, und die verbrauchte Luft atme grau aus. Mit jedem Atemzug wird das Innere heller und leuchtender.

Mutter-Erde-Übung
Schüttle all deine Angst aus den Armen in den Boden, indem du den Oberkörper vornüberhängen läßt und die Arme kräftig schüttelst. Streck dich dann nach oben, der Sonne entgegen, streck deine Arme zum Himmel, dein Gesicht der Sonne entgegen und nimm in ihrem Licht eine kräftige Energiedusche.

Die-Erde-trägt-mich-Übung
Leg dich bequem mit dem Rücken auf die Erde, die Arme locker neben dem Körper. Stell dir vor, daß du bei jedem Einatmen Kraft und Energie aus der Erde aufnehmen kannst. Die Erde trägt dich. Immer.

Verängstigten Kindern tut auch das Schaukeln in einer Hängematte sehr gut. Sie vermittelt Geborgenheit und erinnert an die Schaukelbewegungen im Mutterleib.
Sehr therapeutisch wirkt auch der Umgang mit Pferden unter fachkundiger Anleitung. Der warme, große Körper dieser Tiere und die sanft schaukeln-

den Bewegungen beim Reiten können Selbstvertrauen und Zufriedenheit wachsen lassen.

Auch jede Sportart, die das Selbstvertrauen des Kindes stärkt und Körperwahrnehmung ermöglicht, hilft ängstlichen Kindern. Nur durch Erproben und aktives Handeln können Kraft und Stärke, verbunden mit dem Gefühl, »ich bin wertvoll und kann sicher mit meinem Körper umgehen«, wachsen.

Anmerkungen

1　Klaus Hurrelmann, *Die alten Kinder*, in: *Psychologie heute*, Heft 10, 1994, S. 72

2　Ebd., S. 73

3　Eine Adressenliste erhalten Sie über die Milton-Erickson-Gesellschaft, Konradstr. 16, 80801 München

4　Horst Eberhard Richter, *Umgang mit Angst*, Hamburg 1992, S. 95

5　Vgl. Sogyal Rinpoche, *Das tibetische Buch vom Leben und vom Sterben*, München-Bern 1993

6　Nele Maar/Verena Ballhaus, *Papa wohnt jetzt in der Heinrichstraße*, Lohr 1988

7　Horst Eberhard Richter, *Umgang mit Angst*, Hamburg 1992, S. 281

8　Ebd., S. 235

9　Ebd., S. 288

10　Albert Schweitzer, *Die Ehrfurcht vor dem Leben*, München 1988, S. 20 f.

11　Bruno Bettelheim, *Kinder brauchen Märchen*, Stuttgart [5]1990, S. 11

12　Astrid Lindgren: *Ronja, Räubertochter*, Hamburg 1982, S. 17 f.

13　*Das Wasser-Geräusche-Spiel* ist im Verlag an der Ruhr, Mülheim, erschienen

14　Joseph Campbell, *Mythen der Menschheit*, München 1993, S. 7

Literatur

Für Eltern:

Bettelheim, Bruno: *Kinder brauchen Märchen*, Stuttgart [5]1990

Brett, Doris: *Anna zähmt die Monster. Therapeutische Geschichten für Kinder von 6 bis 12 Jahren*, Salzhausen [2]1994

dies.: *Ein Zauberring für Anna. Therapeutische Geschichten für Kinder von 3 bis 8 Jahren*, Salzhausen 1995

Campbell, Joseph: *Mythen der Menschheit*, München 1993

Grefe, Christiane/Jerger-Bachmann, Ilona: *Das blöde Ozonloch. Kinder und Umweltängste*, München 1992

Grimm, Brüder: *Kinder- und Hausmärchen*, München [6]1992

Kaestele, Gina: *Umarme deine Angst. Neue Helfer zur Verwandlung von Hilflosigkeit und Angst – das praktische Selbsthilfeprogramm*, Freiburg [2]1994

Müller, Else: *Träumen auf der Mondschaukel. Autogenes Training mit Märchen und Gute-Nacht-Geschichten*, München [7]1995

Murdoch, Maureen: *Dann trägt mich meine Wolke. … wie Große und Kleine spielend leicht lernen*, Freiburg [6]1994

Oaklander, Violet: *Gestalttherapie mit Kindern und Jugendlichen*, Stuttgart [9]1994

Petri, Horst: *Umweltzerstörung und die seelische Entwicklung unserer Kinder*, Zürich 1992

Postman, Neil: *Das Verschwinden der Kindheit*, Frankfurt 1986

Richter, Horst Eberhard: *Umgang mit Angst*, Hamburg 1992

Vopel, Klaus W.: *Kinder ohne Streß*, 5 Bände, Salzhausen 1993

Für Kinder:

Der Körper und die Angst vor körperlichen Problemen:

Dietl, Erhard/Andresen, Ute: *Mein Körper.* Ravensburg [5]1993 (ab 5 Jahren)

Ruvo, Arnika de: *Was ist in meinem Körper los? Wie der Körper funktioniert und was geschieht, wenn man krank wird*, Ravensburg [15]1994 (ab 5 Jahre)

Scharff-Kniemeyer, Marlis: *Gute Besserung.* Ravensburg [4]1993 (ab 3 Jahre)

Ausführliche Informationen erhalten Sie beim Aktionskomitee Kind im Krankenhaus (AKIK), Kirchstraße 34, 61440 Oberursel, Tel. 061 72/30 36 00. Hier ist
auch ein Malbuch erhältlich, das speziell für Kinder im Krankenhaus entwickelt
wurde: *Mein Krankenhausbuch.*

Geister, Gespenster:
Bergström, Gunilla: *Du siehst Gespenster,* Willi Wiberg, Hamburg 1984 (ab 4
    Jahre)
Lindgren, Astrid: *Wir Kinder aus Bullerbü,* Hamburg 1989 (ab 6 Jahre)
dies.: *Karlsson vom Dach,* Hamburg 1990 (ab 6 Jahre)
Stridh, Kicki: *Das unheimliche Spukhaus,* Hamburg 1993 (ab 5 Jahre)

Nächtliche Ängste:
Asensio/Company, Die Traumbäckerin, Erlangen 1988 (ab 3 Jahre)
Bouton, Jeanette/Dolto-Tolitch, Catherine: *Das Schlaf- und Traumbuch,* Köln 1989
    (ab 6 Jahre)
Ende, Michael: *Das Traumfresserchen,* Stuttgart 1978 NA (ab 5 Jahre)

Angst vorm Alleinsein:
Landa, Norbert: *Rosa sagt: Nein!* Hamburg 1991 (ab 3 Jahre)
Waddell, Martin: *Ich will meine Mami!* Aarau [3]1994 (ab 3 Jahre)

Angst vor dem Tod:
Burningham, John: *Großpapa,* Aarau 1988 (ab 4 Jahre)
Oyen, Wenche/Kaldhol, Marit: *Abschied von Rune,* München [9]1994 (ab 5 Jahre)
Stark, Ulf: *Kannst du pfeifen, Johanna,* Hamburg 1994 (ab 8 Jahre)

Angst vor dem Kindergarten und der Schule:
Feth, Monika: *Klatschmohn und Pistazieneis,* Düsseldorf 1994 (ab 6 Jahre)
Jörg, Sabine: *Der Ernst des Lebens,* Stuttgart 1993 (ab 6 Jahre)
Widerberg, Siv: *Das Mädchen, das nicht in den Kindergarten wollte,* Hamburg
    1987 (ab 3 Jahre)

Angst vor Trennung der Eltern:
Maar, Nele/Ballhaus, Verena: *Papa wohnt jetzt in der Heinrichstraße,* Lohr 1988
    (ab 5 Jahre)

Angst vor Krieg und Umweltkatastrophen:
Duroussy, Nathalie/Scheidl, Gerda M.: *Die gläserne Kugel*, Gossau 1993 (ab 4
    Jahre)
Gantschev, Ivan: *Die grüne und die graue Insel*, München/Salzburg 1985 (ab 5
    Jahre)
Maar, Paul/Ballhaus, Verena: *Neben mir ist noch Platz*, Lohr 1992 (ab 5 Jahre)
McKee, David: *Du hast angefangen! Nein, du!* Aarau [9]1994 (ab 4 Jahre)

Allgemeine Bücher gegen Angst:
Aliki: *Gefühle sind wie Farben*, Weinheim [6]1994 (ab 4 Jahre)
Lindgren, Astrid: *Ronja, Räubertochter*, Hamburg 1982 (ab 10 Jahre)
Ross, Tony: *Ich komm' dich holen!* Stuttgart 1985 (ab 4 Jahre)
Unzner-Fischer, Christa/Ostherren, Ingrid: *Martin hat keine Angst mehr*, Gossau
    1994 (ab 5 Jahre)

Quellenverzeichnis

Für die Erlaubnis zum Abdruck folgender Beiträge danken wir den Autoren und
Verlagen:

Angela Wiesner, *Dem Geist erschien ein Gummibär*, S. 41, aus: »spielen und
    lernen«-Jahrbuch '86, Velber Verlag, Seelze
Michael Ende, *Zauberlied gegen böse Träume*, S. 43, aus: »Das Schnurpsenbuch«,
    © by K. Thienemanns Verlag, Stuttgart-Wien (Musik: Dorothée Kreusch-Jacob)
Roswitha Fröhlich, *Das Bettgespenst*, S. 45, Rechte bei der Autorin
Josef Guggenmos, *Nächtliche Unterhaltung*, S. 44, aus: »Oh, Verzeihung, sagte
    die Ameise«, Beltz & Gelberg, Weinheim
Volker Ludwig, *Alle Großen haben Angst*, S. 21, aus: »Mugnog-Kinder!« von
    Rainer Hachfeld (Musik: Birger Heymann), © Verlag der Autoren, Frankfurt
Frauke Nahrgang, *Der große Hund war sehr mutig*, S. 53, aus: »Zaubertage«,
    Patmos Verlag, Düsseldorf

Kinder haben ihre eigene Ordnung!

Aufräumen?! Auf dieses Wort reagieren alle Kinder höchst allergisch. Hermann Krekeler rät deshalb in seinem humorvollen Erziehungsratgeber zu mehr Gelassenheit nach dem Motto:

»Versuchen Sie gar nicht erst, den Kampf gegen die Unordnung zu gewinnen. Geben Sie sich mit einem Unentschieden zufrieden.«

Die witzigen Illustrationen von Stepanie Wagner runden das Gesamtbild diese pfiffigen Elternratgebers ab.

104 Seiten. Kartoniert.
3-466-30391-5

 KÖSEL